竞技武术套路动作库

棍术

国家体育总局武术运动管理中心　审定

人民体育出版社

图书在版编目（CIP）数据

棍术 / 国家体育总局武术运动管理中心审定. -- 北京：人民体育出版社, 2023
（竞技武术套路动作库）
ISBN 978-7-5009-6317-2

Ⅰ. ①棍… Ⅱ. ①国… Ⅲ. ①棍术(武术)—套路(武术)—中国 Ⅳ. ①G852.25

中国国家版本馆CIP数据核字(2023)第097527号

*
人民体育出版社出版发行
北京新华印刷有限公司印刷
新 华 书 店 经 销
*
710×1000 16开本 12.5印张 161千字
2023年9月第1版 2023年9月第1次印刷
印数：1—3,000册
*
ISBN 978-7-5009-6317-2
定价：48.00元

社址：北京市东城区体育馆路8号（天坛公园东门）
电话：67151482（发行部） 邮编：100061
传真：67151483 邮购：67118491
网址：www.psphpress.com
（购买本社图书，如遇有缺损页可与邮购部联系）

编 委 会

编委（以姓氏笔画为序）

于宏举　马　群　王二平　王世龙　王　怡
王晓娜　王　菊　方　坚　田　勇　冉千鑫
代流通　冯宏芳　冯静坤　匡　芬　吕福祥
刘志华　刘思伊　刘海波　孙新锋　李有华
李英奎　李艳君　李淑红　李朝旭　李　强
杨战旗　吴杰龙　吴贤举　吴雅楠　何　强
沈剑英　宋　林　张继东　陈　冲　陈恩堂
陈燕萍　范燕美　金肖冰　周　斌　房莹莹
赵　勇　袁新东　徐卫伟　徐翔鸿　黄建刚
曹　政　崔景辉　梁国德　童　昊　虞泽民
解乒乒　樊　义　魏丹彤

动作示范（以姓氏笔画为序）

王子文　巨文馨　吕泰东　刘忠鑫　汤　露
孙培原　杜洪杰　李剑鸣　杨顺洪　张雅玲
张　黎　陈洲理　查苏生　姚　洋　常志昭
梁永达　童　心

为武术更加灿烂的明天

——总结经典 传承经典 创造经典

陈恩堂

竞技武术套路动作库从立项到推出，历时3年有余，历经艰辛探究，今日终于得以付梓，令人欣喜万分。我谨代表国家体育总局武术运动管理中心、武术研究院、中国武术协会，对竞技武术套路动作库出版成书表示热烈的祝贺！

中华武术源远流长，博大精深，是中华民族优秀传统文化的瑰宝。古往今来，在武术发展的历史长河中，产生了许多独具特色的拳种流派，涌现了许多身怀绝技的武林高手，流传着许多让人津津乐道的传奇故事。历代的武术先辈们给我们留下了丰厚的武术遗产。作为新时代的武术人，把这份丰厚的武术遗产继承好、发展好，是我们义不容辞的责任。

把武术先辈们留下的丰厚武术遗产继承好、发展好，首先就是要对其进行系统地总结，在总结的基础上加以传承，在传承的过程中进行创新。竞技武术套路动作库，正是遵循这样的思路，总结经典，传承经典，创造经典。

——总结经典。竞技武术套路动作库，当前共收录具有源流和传统名称的武术经典动作1941式，分为长拳、刀术、棍术、剑术、枪术、南拳、南刀、南棍、太极拳、太极剑共10个子库，如字典汇编，毫分缕析，系统总结了长拳、南拳、太极拳三大拳种的经典动作，规范了技术方法，确定了技术标准，突出武术技击本质，展示武术攻防内涵。每一个经典动作都有源流出处，都具有传统名称，不仅符合人民群众对武术古往今来的认知，更是彰显了中华传统文化符号的经典魅力，充分体现了中华文化自信。

——传承经典。竞技武术套路动作库，通过总结经典，实现武术经典动作的标准化和规范化，本身就是对武术历史经典的传承。这些标准化、规范化的经典动作，既可供武术专业运动员在比赛中选用，让运动员的整套动作演练更具可比性，更加符合现代奥林匹克运动的特征，同时，也适合广大武术爱好者尤其是青少年朋友学习掌握，将专业和业余打通，普及和提高一体。通过竞技武术套路动作库，每一个武术习练者、爱好者都会成为武术经典的传承者，武术文化的传播者。

——创造经典。竞技武术套路动作库，不仅是在总结经典、传承经典，也在创造经典。人民群众有无限的创造力。人民群众在历史上创造了武术的经典，今后也必将继续创造武术新的经典。当前收录的1941个武术经典动作只是动作库的首期工程，今后每年都会更新，进行动态调整。创新动作经过中国武术协会审定通过后，将会成为竞技武术套路动作库的一部分，这充分体现了对中华优秀传统文化的创造性转化、创新性发展。

竞技武术套路动作库的推出，是武术运动科学化、标准化的又一重要标志，是武术运动发展史上具有里程碑意义的大事，凝结了全体武术人的智慧和汗水。在此，我谨以国家体育总局武术运动管理中心、武术研究院、中国武术协会的名义，向所有为竞技武术套路动作库付出不懈努力的武术前辈、专家、运动员、教练员、裁判员和工作人员们表示衷心的感谢！向所有关心支持武术事业改革发展的各界人士表示衷心的感谢！

国运兴则体育兴，国运兴则武术兴。在中华民族伟大复兴的新征程上，作为中华民族传统体育项目和优秀传统文化的代表，武术必将在体育强国、文化强国和健康中国建设中发挥着独特作用。竞技武术套路动作库，是武术发展的新的起点，为武术在更高水平的传承和繁荣开辟了新的道路，为武术进一步现代化、国际化奠定了重要基础，为武术走向奥林匹克大舞台迈出了坚实步伐。我们相信，以此作为新的起点，通过全体武术人的团结奋斗，武术的魅力将更加显现，武术的未来将更加美好！

2023年7月1日

（作者为国家体育总局武术运动管理中心主任、党委书记，国家体育总局武术研究院院长，中国武术协会主席）

CONTENTS / 目录

1 步型

1.1 弓步

弓步 001
传统术语：仙人指路。
现代术语：弓步背棍。
源流：少林烧火棍第二式。
技法：抡、拨。

动作过程：（1）上体微向左转，双手持棍把置于左肩上。右脚向右前方上步，左脚向右脚前方扣脚上步，身体向右转体360°，随即右脚向右横跨一步成右弓步；同时，右手持棍由左向右平圆抡扫一周后背棍；左手划弧立掌置于右胸处；目视右前方。
（2）接上动，左掌向左前方立掌水平推出；目视推掌方向。

动作要点：转身平抡棍迅猛连贯，力达棍梢；推掌力达掌根。

弓步 002

传统术语：夜叉劈妖。

现代术语：弓步劈棍。

源流：少林猿猴棍第二式。

技法：劈。

动作过程： 双手持棍上举，右手持棍把端，左手持棍身。左脚向前方上步成左弓步；同时，棍由上向下劈打，右手持棍把端贴于右胯旁，左手直臂按压棍身，棍身斜向上；目视棍梢。

动作要点： 劈棍与弓步同时完成；劈棍立圆，力达棍梢。

弓步 003

传统术语：老猴背棍。

现代术语：弓步背棍冲拳。

源流：少林烧火棍第二十二式。

技法：抡、拨。

动作过程：（1）上体微向左转，双手持棍把置于左肩上。右脚向右前方上步，左脚向右脚前方扣脚上步，身体向右转体360°，随即右脚向右横跨一步成右弓步；同时，右手持棍把由左向右平圆抡扫一周后背棍；左掌划弧立掌置于右胸处；目视左掌。

（2）接上动，左掌变拳向左前方水平直线冲出；目视冲拳方向。

动作要点：转身平抡棍平圆抡扫，迅猛连贯，力达棍梢；冲拳力达拳面。

弓步 004

传统术语：刀出鞘势。

现代术语：弓步戳把。

源流：少林大夜叉棍第十四式。

技法：戳。

动作过程： 双手胸前水平持棍，右手持棍把，左手持棍身；目视左前方。右脚向右前方上步成右弓步；同时，双手持棍，棍把直线向右前方戳顶，左手屈臂托棍置于胸前，右手直臂持棍把，棍身水平贴近身体；目视棍把。

动作要点： 弓步蹬腿转胯与戳把动作协调一致；戳棍力达棍把端。

弓步 005
传统术语：刺咽喉。
现代术语：弓步戳棍。
源流：少林风火棍第二十七式。
技法：戳。

动作过程：右手持棍把端屈臂置于右腰侧，左手托棍身，棍梢指向身体左前方。左脚向左前方上步成左弓步；同时，右手持棍把端，左手滑把触及右手，棍梢直线向前方戳顶；目视棍梢。

动作要点：弓步蹬腿转胯与戳棍动作协调一致；戳棍力达棍梢端。

弓步 006

传统术语：挑山式。

现代术语：弓步架棍。

源流：少林齐眉棍第十四式。

技法：架。

动作过程： 右手屈臂持棍把置于右肩前，左手持棍身置于左腿外侧；目视前方。左脚向左前方上步成左弓步；同时，右手持棍内旋，右手臂经胸前由屈至伸向前带棍推击，右手持棍把架于头上方，左手持棍水平直臂推出；目视棍身。

动作要点： 弓步蹬腿转胯与架棍动作协调一致；推、架棍力达棍身。

弓步 007

传统术语：泰山盘石。

现代术语：左弓步抱棍。

源流：少林烧火棍第十六式。

技法：抡、架。

动作过程： 上体微向右转，双手持棍把置于右肩上。左脚向左前方上步成左弓步；同时，双手持棍把由右向左平圆抡扫平架于左肩上；目视右前方。

动作要点： 棍抡平圆，双臂向外圆撑，肩、臂、棍保持水平；抡棍力达棍梢。

弓步 008

传统术语：白蛇吐信。

现代术语：弓步戳棍。

源流：五虎群羊棍第四式。

技法：戳。

动作过程： 右手持棍把置于右肩外侧，棍梢端向前。左脚向前上步；同时，右手持棍直线向前点戳；左手立掌附于右胸外侧。随即右脚向前跳换步，双脚依次落步成半马步；右手持棍收于右腰间。左腿再屈膝成左弓步；同时，右手持棍由后向前水平戳击；左手立掌向身体左后方推出；目视棍梢。

动作要点： 换跳步轻灵、敏捷；弓步与戳棍动作协调一致；戳棍力达棍梢端。

弓步 009

传统术语：行者藏杖。

现代术语：弓步藏棍。

源流：五虎群羊棍第十二式。

技法：撩、挑。

动作过程：（1）右手持棍把，直臂反握棍，棍把端置于体前，棍身贴于右腋下，左手立掌置于右胸外侧。

（2）左脚向前上步，随即右脚向前方跳换步，身体向左后转体180°，左脚落步成右弓步；同时，右手持棍，棍把由后向下、向前、向上立圆挑至水平，棍身藏于右腋下；左臂随转体向下、向前划弧，立掌收于右胸外侧；目视前方。

动作要点：跳换步轻灵、敏捷；弓步与挑把动作协调一致；挑棍力达棍梢。

弓步 010

传统术语：伸爪扬脸。

现代术语：弓步背棍。

源流：五虎群羊棍第二十六式。

技法：拨、挂。

动作过程：（1）右脚向右前方上步，身体微右转；同时，双手持棍把，棍梢经身体右侧向上、向后、向前立圆提撩，随即棍梢经胸前在身体右侧由上向下、向后、向前舞花成右臂背棍，左掌立掌收于右胸外侧。

（2）接上动，左脚提膝落步，右腿全蹲成左仆步。随即，重心左移，左腿屈膝成左弓步；在重心左移过程中，左手顺左腿内侧向前穿掌亮掌撑于身体左侧，掌指向前；右臂背棍置于身体右侧；目视前方。

动作要点：棍花立圆；背棍、仆步穿掌协调连贯；抖腕亮掌。

弓步 011

传统术语：提枪式。

现代术语：弓步拉棍。

源流：少林大夜叉棍第十六式。

技法：提、压。

动作过程： 右脚向右前方上步成右弓步；同时，双手胸前持棍把，双臂内旋，左手滑把至棍身，右手持棍把向身体右侧上方屈臂上提，棍身横于身前，棍把斜向身体右上方，棍梢斜向身体左下方；目视左前方。

动作要点： 弓步、提棍迅速，协调一致；双臂内旋下压、上提，力达棍身。

弓步 012

传统术语：白猿献棒。

现代术语：弓步下点棍。

源流：少林风火棍第十七式。

技法：点。

动作过程： 右脚向右前方上步成左弓步；同时，双手持棍把，棍身经胸前由上向左下立圆摆落，棍梢端点击触地；目视棍梢。

动作要点： 点棍提腰转胯，制动迅速；点棍力达棍梢端。

弓步 013
传统术语：二郎担山。
现代术语：弓步扫棍。
源流：查棍一百单八棍第一式。
技法：抡、扫。

动作过程： 右手持棍把，棍身由右肩向身体后绕环至左肩上，右脚向右前方上步，身体向右转体360°，左脚落步成右弓步；同时，右手持棍由左向右平圆抡扫至右肩上，左掌附于右手处成抱棍状，棍梢置于身体左后方；目视左前方。

动作要点： 转身迅猛，抡扫棍平圆；抡棍力达棍梢。

弓步 014

传统术语：阵前亮相。

现代术语：弓步提拉棍。

源流：查棍一百单八棍第三式。

技法：提。

动作过程：（1）左手持棍把端置于左胯旁，棍梢落于身体后方；目视前方。

（2）左脚向前方上步；同时，右手变拳在胸前内旋上举，随即由上向下屈臂砸压，拳心向上；目视右拳。

（3）接上动，右腿向右前方弹踢，落步屈膝成右弓步；同时，右拳变掌，插掌至身体右前斜上方，手臂略高于肩，掌尖向前，掌心向左；左手屈臂提拉棍身置于左腰间，棍梢落于身体左后方；目视插掌方向。

动作要点：右腿弹踢屈伸明显，力达脚尖；弓步提拉棍与插掌动作协调一致。

弓步 015

传统术语：斗转参横。

现代术语：左弓步亮掌。

源流：查棍一百单八棍第八式。

技法：提。

动作过程：（1）右手持棍把端置于右胯旁，棍梢端置于身体右侧落地；目视前方。

（2）左脚向左前方上步，右腿全蹲成左仆步，随即右腿蹬直成左弓步；同时，左掌由左腰间顺左腿内侧向前穿掌至头上方抖腕亮掌；右臂屈臂提拉棍把端至腹前；目视右前方。

动作要点：仆步穿掌快速、流畅；弓步亮掌与提棍协调一致。

弓步 016

传统术语：刘备挂剑。

现代术语：弓步反持棍。

源流：查棍一百单八棍第十四式。

技法：抡。

动作过程：（1）双手持棍把置于右肩上，棍梢斜向身体左后方；目视左前方。

（2）左脚向左前方上步，脚尖外展，随即右脚向左前方跳换步，身体向左后转体360°，双脚依次落地成左弓步；同时，双手持棍把从胸前由右向左平圆抡扫一周后置于身体左侧。

（3）接上动，左手滑把至棍梢，棍身贴于左臂内侧，右手屈臂持棍把置于胸前，棍梢斜向下落于身体左后方；目视棍梢。

动作要点：棍抡平圆，转体迅捷；平抡棍力达棍梢。

弓步 017

传统术语：利剑穿胸。

现代术语：弓步戳棍。

源流：查棍三十六棍第三式。

技法：戳。

动作过程：（1）左脚向左横跨一步成半马步；同时，右手持棍把，左手持棍梢，棍随身动，棍把向身体右侧顶击；目视棍把。

（2）接上动，右腿蹬直成左弓步；同时，棍梢向左前方直线戳顶，左手直臂持棍身，右手持棍把屈臂置于右胸前，棍身水平；目视棍梢。

动作要点：马、弓步型转换蹬腿转胯；棍把、棍梢直线戳顶，力达棍把、棍梢端。

弓步 018

传统术语：跨海推山。

现代术语：弓步推挡。

源流：查棍三十六棍第七式。

技法：格、架。

动作过程：（1）双腿并拢屈膝成右丁步，右手持棍把置于左胯旁，左手持棍身，立棍于左胸前。

（2）右脚向右前方上步，身体右转，随即左脚向右前方上步成左弓步；同时，双手持棍，棍梢由身体左侧向后、向下、向前侧身立圆向前推挡，右手持棍把架于头上方，左手持棍身由胸前直臂前顶，棍梢斜向下；目视棍身。

动作要点：棍身立圆推挡，催肘发力，力达棍身。

弓步 019

传统术语：蹬天盖地。

现代术语：侧踹盖地。

源流：查棍三十六棍第十二式。

技法：盖。

动作过程：（1）右手持棍身，左手持棍梢，立棍于身体右侧。右脚向左前方盖步上步，脚尖外展，随即左腿提膝屈膝外展，向左前上方由屈到伸踹出；同时，双手持棍至身体右侧，棍把触地；目视踹腿方向。

（2）接上动，左脚落步成左弓步；同时，双手持棍，棍把由后向上、向前立圆盖把，左手持棍屈臂置于左胸前，右手持棍把直臂下按；目视棍把。

动作要点：侧踹腿屈伸明显，力达脚跟；立圆盖把灵活迅猛，力达棍把。

弓步 020

传统术语：鹞子翻身。

现代术语：左右跳换步挑把。

源流：少林风火棍第十九式。

技法：劈、挑。

动作过程：（1）右脚向前方上步，双手持棍把，棍梢于身体右侧由前向上、向后、向下立圆提撩一周。随即右脚蹬地跳换步，双脚依次落地，身体向左转体180°；同时，双手持棍随转体在身体左侧使棍梢向下、向后、向上立圆抡劈；目随棍动。

（2）接上动，右脚蹬地，跳换步向右跳转身180°，双脚依次落地成右弓步；同时，左手滑把至棍身，右手持棍把由下向上划弧挑把至身体前方，棍身贴近身体，棍把斜向上；目视棍把。

动作要点：连续跳换步轻灵、敏捷；挑把灵活，力达棍把。

弓步 021

传统术语：火驹奔川。

现代术语：弓步云打。

源流：少林达摩棍第十五式。

技法：云、架。

动作过程： 右脚向右横跨一步；双手持棍，棍身由身体左侧向前、向右、向后绕头上方平圆云棍一周。随即右腿屈膝成右弓步；同时，双手换把，左手持棍把，右手持棍身，屈臂持棍立棍于身体右侧，棍梢向上；目视左前方。

动作要点： 云棍身体略后仰；云棍平圆；双脚稳固，弓步架棍制动迅捷。

弓步 022

传统术语：横扫落叶。

现代术语：弓步扫棍。

源流：查棍三十六棍第二十三式。

技法：扫。

动作过程： 双手持棍置于头部右上方，右手持棍把端，左手持棍身，棍梢向上。左脚向左前方上步成左弓步；同时，双手持棍，左手滑把，棍梢由身体右上方向左斜下方抡扫至左腿前侧，棍梢端触地；目视棍梢。

动作要点： 弓步与扫棍快速完成，动作协调一致；扫棍快速制动，力达棍梢。

弓步 023

传统术语：渔夫推船。

现代术语：弓步推棍。

源流：查棍一百单八棍第十七式。

技法：推。

动作过程：（1）右手屈臂持棍把置于体前，与肩同高。左脚蹬地原地起跳，双脚开步下落半蹲成半马步；同时，右手持棍下落至腹前，左手换握棍把，右掌经体前向上、向后、向下、向前立圆抡臂撩掌至胸前，掌心向上。

（2）接上动，左腿蹬直成右弓步；同时，右掌变拳屈臂架至右肩侧，拳心向下；左手直臂向前推棍；目视棍身。

动作要点：跳步轻灵；推棍催肘动作连贯，力达棍身。

弓步 024

传统术语：雨打芭蕉。

现代术语：弓步盘肘。

源流：查棍一百单八棍第二十七式。

技法：抡、拨。

动作过程：（1）上体微向左转，双手持棍置于左肩上。右脚向右前方上步，左脚向右脚前方扣脚上步，身体向右转体360°，随即右脚上步成右弓步；同时，右手持棍由左向右平圆抡扫一周后背棍，左手划弧立掌置于身体左侧；目视右前方。

（2）接上动，右手持棍背棍于身后；左掌变拳由左向胸前平带，屈臂盘肘；目视前方。

动作要点：平抡棍舒展迅猛，力达棍梢；盘肘力达肘尖。

1.2 马步

马步 001
传统术语：伏虎势。
现代术语：马步崩棍。
源流：少林大夜叉棍第八式。
技法：崩。

动作过程：（1）双手持棍展臂上举，左脚向前上步，右腿屈膝成左仆步；同时，棍身由上向下立圆劈摔，棍梢贴地；目视棍梢。

（2）接上动，右脚向前方震脚上步，左脚随即向前上步，身体右转成马步；同时，右手持棍把上提，立腕下沉；左手向后、向前滑把按压棍身，棍梢向上崩起；目视棍梢。

动作要点：马步、崩棍同步完成；崩棍力达棍梢。

马步 002

传统术语：马上砸盏。

现代术语：马步把劈棍。

源流：查棍一百单八棍第十三式。

技法：劈。

动作过程：（1）右手屈臂持棍把端置于体前右侧，棍梢向上，左手落于左腿外侧；目视前方。

（2）右脚向前上步，双腿屈膝成马步；同时，棍梢经胸前向身体左侧下落，随即左手接握棍身，右手滑把，棍把由身体右侧向上、向前立圆劈击，左手屈臂持棍身置于胸前；目视棍把。

动作要点：马步、棍把下劈协调一致；劈把力达棍把。

马步 003

传统术语：飞蛾扑火。

现代术语：马步抡劈棍。

源流：少林风火棍第二式。

技法：挡、劈。

动作过程： 右脚向右前方上步，随即左脚向右前方上步，身体右转成马步；同时，双手持棍，在身体左、右两侧立圆舞花，棍梢经身体右侧由上向下立圆劈打，右手持棍把端置于右腰处，左手持棍身直臂按压棍身；目视棍梢。

动作要点： 舞花棍立圆；马步与劈棍动作协调一致；劈棍力达棍梢。

马步 004

传统术语：骑马待战。

现代术语：马步平抡棍。

源流：查棍一百单八棍第二十一式。

技法：抡。

动作过程： 上体微向右转，双手持棍把置于右肩上。左脚向左前方上步，身体左转，随即右脚向左脚前方上步，双腿屈蹲成马步；同时，双手持棍由右向左平圆抡扫一周，左手滑把至棍梢，右手持棍把屈臂托棍于胸前；目视棍梢。

动作要点： 上步抡棍平圆发力；马步和平抡棍动作协调一致；平抡棍力达棍梢。

马步 005

传统术语：挑走势。

现代术语：马步挑把。

源流：少林阴手棍第六式。

技法：挑。

动作过程：（1）左手持棍身，右手持棍把，棍把向下置于身体右侧。

（2）右脚向前上步，身体左转成马步；同时，双手持棍，棍把随转体在身体右侧由下向前挑把，棍把斜向上，左手持棍收于左腰间，右手托棍臂微屈置于身体右侧；目视棍把。

动作要点：上步与挑把协调一致，腰胯发力；挑棍力达棍把。

马步 006

传统术语：大圣亮旗。

现代术语：马步举棍。

源流：少林阴手棍第三十式。

技法：挑。

动作过程：（1）双手持棍上举置于身体右侧。右脚向左脚前方震脚上步；同时，左手持棍把向上提拉，右手持棍身向右下方屈臂，棍梢斜向下点击；目视棍梢。

（2）接上动，左脚向左前方上步成马步；同时，右手持棍身直臂向上立圆上挑，左手持棍把置于右胯旁；目视左前方。

动作要点：震脚有力；上步挑棍力达棍梢。

马步 007

传统术语：骑马藏刀。

现代术语：马步藏棍。

源流：查棍一百单八棍第三十二式。

技法：拨、戳。

动作过程： 右手屈臂持棍把置于体前，与肩同高，棍梢向下、向后立圆拨藏至右腋下。随即左脚向左横跨一步成马步；同时，右手持棍把向胸前戳击；左手立掌由腰间推出附于右腕内侧，双臂撑圆；目视左前方。

动作要点： 拨棍立圆；戳把力达棍把端。

1.3 仆步

仆步 001
传统术语：虎扑群羊。
现代术语：仆步摔棍。
源流：五虎群羊棍第二十一式。
技法：挑、劈。

动作过程：双手持棍展臂上挑，左脚向前上步，右腿屈膝成左仆步；同时，棍身由上向下立圆劈击，棍梢贴地摔至左腿内侧；目视棍梢。
动作要点：立圆下劈，摔棍力达棍梢。

仆步 002

传统术语：大虫三扑。

现代术语：仆步摔棍。

源流：五虎群羊棍第七式。

技法：劈、戳。

动作过程：（1）持棍直立，左手屈臂持棍身，右手持棍把向身体右侧水平戳击。随即右脚向左前方上步，身体向左转体180°，左腿屈膝成右仆步；同时，双手持棍，棍把由上向前下摔棍至右腿内侧；目视棍把。

（2）接上动，右脚向左脚并步，身体直立；同时，右手持棍把，左手持棍身滑把，棍梢端向身体左侧水平戳击；目视棍梢。

（3）接上动，左脚向右前方上步，身体向右转体180°，右腿屈膝成左仆步；同时，双手持棍，棍梢由上向前、向下摔棍至左腿内侧；目视棍身。

（4）接上动，左脚向右脚并步，身体直立；同时，左手持棍梢，右手滑把至棍身，棍把向身体右侧水平戳击；目视棍把。

（5）接上动，右脚向左前方上步，身体向左转体180°，左腿屈膝成右仆步；同时，双手持棍，棍把由上向前下摔棍至右腿内侧；目视棍把。

动作要点：左、右仆步转换起、蹲快速；双手滑握戳、摔棍协调一致。

仆步 003
传统术语：鹰鹞落草。
现代术语：仆步摔棍。
源流：五虎群羊棍第九式。
技法：拨、劈。

动作过程：（1）右手持棍把置于右胸前，棍梢向上。右脚向右前方上步；同时，右手拨棍，棍梢由身体右侧向前、向下、向后立圆拨棍，随即棍把由身体左侧向下拨棍，左手接握棍身。

（2）接上动，左脚向右前方上步，右腿屈膝成左仆步；同时，双手持棍上举，棍梢由上向前下摔棍至左腿内侧，右手持把端，左手按压棍身；目视棍梢。

动作要点：舞花立圆贴身；摔棍力达棍身。

仆步 004

传统术语：浪花翻滚。

现代术语：转身仆步摔棍。

源流：五虎群羊棍第十三式。

技法：拨、挑、劈。

动作过程：（1）右手屈臂持棍把置于体前；目视前方。

（2）左脚向左前方上步，随即蹬地起跳，身体向右转体180°，右脚、左脚跳换步依次落步，右腿屈膝成左仆步；同时，棍梢向上由身体左侧向右、向下、向后、向上贴身立圆舞花，双手持棍展臂托棍上举，右手滑把至棍把端，棍梢由上向前下劈、摔棍至左腿内侧，棍梢贴地；目视棍梢。

动作要领：舞花棍贴身立圆；跳转身摔棍动作协调、流畅，摔棍力达棍梢。

仆步 005
传统术语：金牛卧地。
现代术语：平抡棍仆步抱棍。
源流：少林达摩棍第三十四式。
技法：抡、挡。

动作过程： 双手持棍把置于右肩上，身体微右转，随即右脚向前上步，身体向左转体180° ，右腿屈膝成左仆步；同时，双手抡棍由右向左平圆抡扫一周至胸前，右手屈臂持棍把置于右肩前，左手滑把直臂托棍，棍梢向左，略低于肩；目视前方。

动作要点： 抱棍与仆步同时完成；平抡棍力达棍梢。

仆步 006
传统术语：倒劈华山。
现代术语：仆步劈棍。
源流：查棍三十六棍第四式。
技法：劈、拨。

动作过程：（1）双手持棍置于体前，棍把端向上，棍梢向下；目视右前方。
（2）右脚向前方上步，左腿屈膝成右仆步；同时，左手持棍梢，右手持棍身，身体微右转，棍把由前向下、向后沿身体右侧立圆抡摆一周，随即由上至下摔把于右腿内侧，棍把贴地；目视棍把。
动作要点：劈、摔棍立圆舒展；摔把力达棍把。

仆步 007

传统术语：柴河翻车。

现代术语：仆步劈棍。

源流：六合九洲棍第十九式。

技法：劈。

动作过程：左脚向左前方上步，随即蹬地起跳，身体腾空仰身向右转体360°，右脚落步屈膝成左仆步；同时，双手持棍随转体展臂托棍上举，棍梢经上向前下劈，摔棍至左腿内侧；目视棍梢。

动作要点：跳步轻灵，空中跳转身举棍展胸挺腹；摔棍迅猛，力达棍梢。

仆步 008
传统术语：力劈华山。
现代术语：仆步劈棍。
源流：少林疯魔棍第十一式。
技法：劈。

动作过程：左脚向前方上步屈膝成马步；双手持棍上举向身体左侧下劈。随即身体向右转体180°，右脚向身体右前方上步，左腿屈膝成右仆步；同时，右手持棍把端上举，左手滑把至棍身，随即棍梢向前、向下劈摔至右腿内侧，左臂随转体摔棍摆至身体左侧上方，掌指斜向上，掌心向前；目视棍梢。
动作要点：转身迅捷，摔棍立圆，力达棍梢。

仆步 009
传统术语：淡扫秋水。
现代术语：仆步横扫。
源流：伏魔棍第三式。
技法：扫。

动作过程：（1）左脚向前方上步，右手反握棍把前压，左手持棍身藏于右腋下，棍把指向前方，随即重心右移，右手持棍把，棍身由左肩向身体后方绕头至身体右侧；目视右前方。

（2）接上动，左腿屈膝下蹲，右腿直膝向前扫腿半周，身体左转180° ，成右仆步；同时，右手持棍把，棍梢由身体右侧向左平圆抡扫，左手接棍，屈臂持棍身置于胸前，右手扣腕反握棍把，棍把指向右前方；目视棍把。

动作要点：扫腿发力腰带、胯随，快速连贯；扫腿与抡棍同时完成。

仆步 010
传统术语：兜头盖脸。
现代术语：仆步摔棍。
源流：少林齐眉棍第九式。
技法：劈。

动作过程： 左手持棍把端，右手持棍身横于体前。左脚向左前方上步，右腿屈膝成左仆步；同时，双手滑把换握，右手持棍把端，左手持棍身，由身体右侧向上、向前、向下摔棍至左腿内侧，棍梢贴地；目视棍梢。

动作要点： 双手滑把交换握棍部位灵活准确；摔棍力达棍梢。

仆步 011

传统术语：拨草寻蚋。

现代术语：仆步藏棍。

源流：查棍一百单八棍第三十五式。

技法：扫。

动作过程：右手屈臂持棍把置于身体右侧。左脚向左前方上步，右腿屈膝成左仆步；身体左转，左手抓握棍把，由右向前、向左下方抡扫，棍把藏至左臂后方；同时，右掌向身体右斜上方穿出，掌指斜向上，掌心向前；目视左前方。

动作要点：左右手接换棍快速准确；扫棍平圆，力达棍梢。

1.4 歇步

歇步 001

传统术语：枯树盘根。

现代术语：歇步劈棍。

源流：少林达摩棍第四十四式。

技法：劈。

动作过程：（1）右手持棍把端，左手持棍身，上举棍置于身体左侧，棍梢向上。右脚向前方上步；同时，双手持棍向头上方展臂举棍，棍梢指向左下方。

（2）接上动，左脚向右脚前盖步，双腿交叉屈膝全蹲成左歇步；同时，棍梢由上向下劈打，右手持棍把端置于右胯处，左手持棍直臂下压，棍梢指向身体左侧；目视棍梢。

动作要点：持棍下劈立圆；劈棍力达棍梢。

歇步 002
传统术语：摘心挖眉。
现代术语：歇步绞棍。
源流：疯魔棍第七式。
技法：绞。

动作过程： 左脚向后撤步，双腿交叉屈膝全蹲成右歇步；同时，双手持棍，左手直臂托棍于胸前，右手持棍把向左、向下、向右立圆绞动，绞棍高不过头；目视棍梢。
动作要点： 棍梢立圆绞动，力达棍梢端。

歇步 003

传统术语：观音坐莲。

现代术语：歇步藏棍。

源流：查棍一百单八棍第九式。

技法：撩。

动作过程：（1）右手屈臂持棍把置于右胸前，棍梢向上，与肩同高，左手落于左腿外侧。

（2）右脚向后撤步，双腿交叉屈膝全蹲成左歇步；同时，右手持棍把，左手向上拨棍，棍梢在体前由左向上、向右立圆提撩至右臂上方，右手持棍屈臂置于胸前，手心向上，棍身横于身体前方，左手划弧掌心向下扶按于右手上方，掌指向右；目视左前方。

动作要点：左手发力托撩棍身，与歇步动作协调一致。

歇步 004

传统术语：改弦易辙。

现代术语：歇步压棍。

源流：六合九洲棍第八式。

技法：压。

动作过程： 左脚向左横跨一步，以双脚掌为轴，身体向左转体180°，双腿交叉屈膝全蹲成左歇步；同时，双手持棍屈臂由上向下压棍于胸前；目视左前方。

动作要点： 转身压棍动作紧凑快速，压棍力达棍身。

歇步 005

传统术语：黄莺上架。

现代术语：歇步架棍。

源流：查棍一百单八棍第三十六式。

技法：架。

动作过程： 右脚向前方上步，脚尖外展，双腿交叉屈膝全蹲成右歇步；同时，右手屈臂持棍把向头上方架挡，棍梢向前；左掌由左腰间立掌直线向前推出，力达掌根；目视前方。

动作要点： 歇步屈蹲、上架棍、前推掌动作协调一致。

1.5 虚步

虚步 001
传统术语：罗汉托枪。
现代术语：虚步托棍。
源流：少林烧火棍第二十式。
技法：挑。

动作过程：（1）双手持棍，右手持棍把置于左胯旁，左手扶握棍身，棍梢向上。
（2）右腿屈膝半蹲，左脚脚尖前点成左虚步；同时，棍梢由身体左侧经上向后、向下、向前挑击，右手持棍把屈臂置于右胯旁，左手屈臂前托棍身，棍梢斜向上；目视棍梢。

动作要点：挑棍与虚步动作协调一致；挑棍力达棍梢。

虚步 002
传统术语：背躬射雁。
现代术语：虚步劈棍。
源流：少林烧火棍第三十四式。
技法：劈。

动作过程：（1）双手持棍于头上方展臂举棍，右手持棍把端，左手持棍身，棍梢指向身体后方。
（2）右腿屈膝半蹲，左脚脚尖前点成左虚步；同时，双手持棍由上向下劈打，右手持棍把屈臂置于右胯旁，左手直臂按压棍身，棍梢斜向上；目视棍梢。

动作要点：虚步与劈棍动作协调一致；劈棍力达棍梢。

虚步 003

传统术语：虎视平原。

现代术语：虚步藏棍。

源流：五虎群羊棍第二式。

技法：挑。

动作过程：（1）右手屈臂持棍把，立棍于身体右侧；目视前方。

（2）左掌由下向左前方塌腕挑掌。右脚抬起向身体右侧踢棍身，随即落步；同时，右手单手持棍把，屈臂水平持棍随身绕带上挑于右肩前，棍梢指向身体左前方；左手划弧立掌附于右腕处；目视右后方。

（3）接上动，右腿屈膝半蹲，左脚脚尖前点成左虚步；同时，左掌立掌直线向前推出；目视左掌方向。

动作要点：虚步立身、塌腰松胯；虚步与踢棍、上挑把协调一致。

虚步 004

传统术语：摇头转驱。

现代术语：虚步托棍。

源流：五虎群羊棍第五式。

技法：劈、托。

动作过程：（1）左脚向前方上步，右手持棍把由身体左、右两侧立圆舞花，身体向右转体180°。随即右脚向身体后方撤步，左脚跟步收于右脚内侧；同时，右手持棍把由左向右平圆抡扫后架至右肩上，棍身贴于肩背后侧。

（2）接上动，右腿屈膝半蹲，左脚脚尖前点成左虚步；同时，右手持棍，棍身由上向下、向体前劈落，右手屈臂托棍把置于右胸处，左手持棍身按压于身体前侧，棍把藏于右腋下，棍梢指向前下方；目视前方。

动作要点：舞花棍立圆；转身平抡、劈与步法协调一致。

虚步 005

传统术语：首尾相顾。

现代术语：虚步转体。

源流：五虎群羊棍第八式。

技法：劈。

动作过程：（1）右脚向右前方上步，左腿屈膝全蹲成右仆步；同时，左手持棍梢，右手反握棍身上举，双手持棍由上向下劈击，棍把摔于右腿内侧。

（2）接上动，重心前移，左脚内扣向右脚前方上步，身体向右转体180°，随即右脚后撤一步，左脚向右脚并步；同时，左手滑握至棍把，双手合握棍把由左向右后平圆抡扫，棍架至右肩上，棍身贴于肩背后侧，左手立掌划弧附于右胸处。

（3）接上动，右腿屈膝半蹲，左脚尖前点成左虚步；同时，双手持棍由上向前下劈击，右手持棍把屈臂于右胸处，棍把藏于右腋下，左手于体前托握棍身；目视前方。

动作要点：棍抡扫平圆，力达棍梢；劈棍快速有力，力达棍梢。

虚步 006
传统术语：转身撩阴。
现代术语：虚步点棍。
源流：五虎群羊棍第十四式。
技法：点。

动作过程： 右脚向前上步，双手持棍把沿身体左、右两侧立圆舞花。左脚向前上步脚尖前点成左虚步；同时，双手持棍，棍梢由上向下点落，右手持棍把屈臂于右胸处，左手于体前托握棍身；目视棍梢。

动作要点： 虚步立身，塌腰松胯；舞花立圆，与劈、点棍衔接紧密。

虚步 007

传统术语：白猿背棍。

现代术语：虚步背棍。

源流：五虎群羊棍第二十三式。

技法：架。

动作过程： 右腿屈膝半蹲，左脚脚尖前点成左虚步；双手持棍，右手持棍把，由右胯旁上举架至头上方，左手持棍梢，置于身体左后侧，棍梢斜向下；目视左前方。

动作要点： 虚步立身、塌腰松胯，屈蹲成虚步与架棍动作协调一致；架棍力达棍身。

虚步 008
传统术语：琵琶式。
现代术语：虚步抱棍。
源流：五虎群羊棍第二十七式。
技法：戳。

动作过程： 右腿屈膝半蹲，左脚脚尖前点成左虚步；同时，双手持棍划弧向身体右侧回拉，随即右手屈臂持棍，左手屈臂托棍催肘前戳，棍梢指向斜上方；目视棍梢。

动作要点： 虚步立身、塌腰松胯；催肘戳棍迅捷制动，戳棍力达棍梢端。

虚步 009
传统术语：猛虎调尾。
现代术语：转身虚步藏棍。
源流：五虎群羊棍第十八式。
技法：抡、撩。

动作过程：（1）双手持棍把置于左肩上。右脚向右前方上步，随即左脚向右脚前方扣脚上步，身体向右转体360°；同时，右手持棍由左向右平圆抡扫，背棍于身后，棍梢指向左上方。

（2）接上动，右脚向右前方上步，左脚随之并步，右腿屈膝半蹲，左脚脚尖前点成左虚步；同时，右手单手持棍沿身体右侧立圆上撩，双手持棍把举至头上方，把端向上，随即向体前立圆劈落，右臂屈臂持棍藏于腋下，左手直臂托握棍身；目视前方。

动作要点：转身双脚摆扣灵活迅捷，步法与棍法协调一致，抡棍平圆，劈棍立圆。

虚步 010

传统术语：云里拨灯。

现代术语：虚步把拨棍。

源流：少林达摩棍第五十式。

技法：拨。

动作过程： 右臂背棍横向打开，棍把置于身体右侧，左臂直臂向身体左侧打开；目视右前方。右腿屈膝半蹲，左脚脚尖前点成左虚步；同时，右手持棍由身体右侧向体前横拨，棍把向前，棍把与肩平，左掌立掌屈臂收抱至右腕处；目视棍把。

动作要点： 虚步与横拨带棍协调一致；拨棍力达把端。

虚步 011

传统术语：挑灯拨火。

现代术语：虚步云拨棍。

源流：少林达摩棍第五十二式。

技法：拨。

动作过程： 右手持棍把水平背于身后，左臂水平打开置于身体左侧，随即右手持棍由右向左在头上方平云至左肩处。右腿屈膝半蹲，左脚脚尖前点成左虚步；同时，左手换握棍把，随云棍动作至体前，左手直臂拨棍，棍把藏于左腋下，棍梢向前；右手松开棍把后变立掌附于左胸外侧；目视前方。

动作要点： 云拨棍平圆绕动；拨棍力达棍梢。

虚步 012
传统术语：手牵天犬。
现代术语：高虚步拖棍。
源流：查棍一百单八棍第二式。
技法：抡、挡。

动作过程：（1）右手持棍把置于右肩上。左脚向左前方上步，右脚向左脚前扣脚上步，身体向左转体360°；同时，右手持棍由右向左随转体平圆抡扫一周，换左手抓握棍把端向左侧伸出，右手变掌收至右腰间，掌心向上。

（2）接上动，左脚脚尖前点成左高虚步；同时，右手向身体右斜上方插掌，掌指向前，掌心向左；左手持棍把收至左胯旁，棍梢置于体后；目视掌指方向。

动作要点：转身迅捷，平抡棍力达棍梢；棍把换手灵活准确，动作协调一致。

虚步 013
传统术语：鸣金收兵。
现代术语：高虚步插掌。
源流：查棍一百单八棍第二十六式。
技法：抛。

动作过程：（1）右手体前持棍把端，棍梢落于身体左侧。左脚向左横跨一步，身体左转，右手经体前左侧推送棍身，随即脱把向上抛棍，左手伸出，接握棍把端回收至左胯旁，棍梢置于身体左斜后方，随即右掌收至右腰间；目随棍动。

（2）接上动，右腿微屈膝，左脚向右前方脚尖前点成左高虚步；同时，右手沿身体右侧斜向上方插掌，掌指斜向上，掌心向左；目视左前方。

动作要点：抛接棍换手接握准确；高虚步、插掌动作连贯协调。

虚步 014
传统术语：小僧上香。
现代术语：虚步格棍。
源流：少林阴手棍第十一式。
技法：格。

动作过程：双手体前水平持棍，左手持棍把端，右手持棍身。右脚向前方上步，屈膝半蹲，左脚随即上步脚尖前点成左虚步；同时，右手持棍身上托于身体右前方，左手持棍把上架于头上方，棍梢向右前下方格棍，棍梢斜向下；目视棍梢。

动作要点：上步迅速，虚步与格棍同时完成；格棍力达棍身。

虚步 015
传统术语：当头棒。
现代术语：高虚步劈棍。
源流：飞龙虎棍第五式。
技法：劈。

动作过程： 双手体前持棍，左手持棍把端，右手持棍身，棍梢指向身体右侧。左脚向左前方上步，微屈蹲，右脚随之脚尖前点成右高虚步；同时，身体右转，双手持棍，棍梢由身体右侧向下、向后、向上立圆体前劈击，右手直臂按压棍身，左手屈臂持棍把至右胸前；目视棍梢。
动作要点： 高虚步脚掌前点迅捷；抡劈立圆，力达棍梢。

虚步 016
传统术语：提拦棍。
现代术语：高虚步拦棍。
源流：飞龙虎棍第十四式。
技法：拦。

动作过程：双手体前持棍，棍梢置于身体右侧。右脚向前方上步，膝微屈，随即左脚上步脚尖点地成左高虚步；同时，双手持棍沿身体右侧，棍梢由上向下、向前上方于体前拦击，双手举棍高于头，棍梢斜向体前；目视棍身。
动作要点：上步迅捷，拦棍动作力点准确，力达棍身。

虚步 017

传统术语：南蛇翻脐。

现代术语：高虚步架棍。

源流：飞龙虎棍第三十四式。

技法：架。

动作过程：（1）双手体前持棍，棍梢置于身体右侧。左脚向前上步；同时，双手持棍由下向左斜前方架挡于身体左侧，棍梢斜向下。

（2）接上动，身体微右转，重心前移，随即右脚脚尖点地成右高虚步；同时，双手随转体持棍架挡于身体右前方，左手持棍把端上架于头上方，右手持棍身直臂格挡于身体右侧，棍梢斜向下；目视前方。

动作要点：连续架挡动作连贯，与步法协调一致；架挡棍力达棍身。

虚步 018

传统术语：袖藏青蛇。

现代术语：虚步击棍。

源流：查棍三十六棍第十三式。

技法：挡。

动作过程： 右手持棍把，左手持棍身，棍横于体前，棍梢置于身体左侧。右腿屈膝半蹲，左脚脚尖前点成左虚步；同时，右手持棍把向右斜前方横击，左手屈臂回收于左胸前；目视棍把。

动作要点： 虚步立身、塌腰松胯；格挡瞬间发力，力达棍把。

1.6 并步

并步 001

传统术语：黑虎调尾。

现代术语：并步戳把。

源流：五虎群羊棍第六式。

技法：戳。

动作过程：（1）右脚向右横跨一步，双腿微屈，右手屈臂持棍身，左手直臂托棍梢，棍身横于体前；目视左前方。

（2）接上动，左脚向右脚并步；同时，双手持棍，棍把直线向右前方顶击；目视棍把。

动作要点：戳把短促有力，与并步协调一致；戳把力达棍把端。

并步 002

传统术语：悟空挑桃。

现代术语：并步崩棍。

源流：查棍三十六棍第二十五式。

技法：崩。

动作过程：（1）右手屈臂持棍把端置于体前，棍梢指向身体前方，左手落于左腿外侧；目视正前方。

（2）左脚向前方上步，右脚向左脚并步震踏；同时，双手持棍把端提腕下点棍，随即右手沉腕带棍回收于腹前，左手持棍向前滑把按压，棍梢向上崩起；目视棍梢。

动作要点：双腿并拢屈蹲快速；双手持棍于体前崩棍短促迅捷，力达棍梢。

并步 003

传统术语：渊亭山立。

现代术语：并步背棍。

源流：查棍一百单八棍第四十九式。

技法：抡。

动作过程：（1）双手持棍把置于左肩上；目视左前方。

（2）右脚向右前方上步，脚尖外展，左脚向右脚前方扣脚上步，身体向右转体360°，随即右脚向右横跨一步；同时，右手持棍，棍梢随转体由左向右在头部上方平圆抡扫一周后置于右肩上，右臂微屈，棍把斜向身体右上方，略高于头，棍梢向左斜下方，左手立掌回收于右胸外侧。

（3）接上动，左脚向右脚并步直立；左手立掌向左前方推掌；目视左前方。

动作要点：转身抡棍与并步快速制动，动作协调一致；抡棍力达棍梢。

并步 004
传统术语：太公钓鱼。
现代术语：并步点棍。
源流：疯魔棍第二十七式。
技法：点。

动作过程： 右脚后撤一步，左脚收并于右脚旁；同时，双手持棍把端直臂提腕，棍梢向前下方点击；目视棍梢。
动作要点： 撤步迅疾，动作连贯流畅；点棍力达棍梢。

并步 005

传统术语：反点璇机。

现代术语：反点盖把。

源流：伏魔棍第十三式。

技法：盖。

动作过程：（1）右手屈臂持棍把置于身体右侧，棍梢向上，与肩同高，左手落于左腿外侧；目视前方。

（2）左脚上步，随即右脚上步与左脚并步；同时，双手持棍，棍把由下向后、向上、向前立圆盖把，右手持棍把直臂按压，左手持棍身屈臂至右胸处，棍身置于右腋下；目视棍梢方向。

动作要点：右脚上步并拢快速制动，与盖把协调一致；盖把力达棍把。

1.7 勾步

勾步 001

传统术语：巧女纫针。

现代术语：勾步圈挑。

源流：六合棍二合第五式。

技法：挑。

动作过程： 右脚由后向前勾脚踢击，随即脚跟落地，左腿微屈蹲；同时，双手持棍，棍梢经身体左侧由下向上挑击，右手持棍把端置于右胯旁，左手持棍身直臂按压，棍梢斜向上；目视棍梢。

动作要点： 右脚勾踢与挑棍同步完成，动作协调一致；挑棍力达棍梢。

1.8 坐盘

坐盘 001

传统术语：罗汉盘花。

现代术语：抡棍坐盘。

源流：少林风魔棍第十五式。

技法：抡。

动作过程： 双手持棍把置于右肩上。左脚向后撤一步，身体随即向左后方转体，双腿交叉叠拢下坐成坐盘；同时，双手持棍随转体由右向左平圆抡扫一周于胸前抱棍，棍身置于左肩上方；目视左前方。

动作要点： 坐盘快速连贯平稳，腰向左拧转，双腿盘紧，臀部坐地。

坐盘 002

传统术语：坐虎观山。

现代术语：拉棍坐盘。

源流：查棍三十六棍第二十式。

技法：抡。

动作过程： 双手持棍把置于右肩上。左脚向身体后方撤步，右脚向左脚前扣脚上步，身体向左转体360°，随即左脚上步，双腿交叉叠拢成坐盘；同时，双手持棍随转体由右向左平圆抡扫一周，左手滑握棍身，右手持棍把屈臂拉棍至右肩前；目视左前方。

动作要点： 抡棍转身快速连贯，力达棍梢；坐盘平稳，腰向左拧转，臀部坐地。

1.9 独立步

独立步 001

传统术语：金鸡独立。

现代术语：提膝挑把。

源流：少林齐眉棍第五式。

技法：挑。

动作过程：（1）双手持棍，右手持棍把端屈臂置于左腰侧，左手持棍身，立棍于身体右侧；目视右前方。

（3）右脚向右前方上步，随即左脚跟步，双腿微屈；同时，双手持棍，左手滑把，棍梢由上向下按压，右手持棍把置于右腰侧；目视棍梢。

（3）接上动，左腿提膝，右腿直立，成独立步；同时，右手持棍把从腰间由下向前、向上挑打，左手持棍梢置于左腰侧；目视棍把。

动作要点：提膝过腰，小腿斜垂内扣，身体中正；挑把力达棍梢。

独立步 002
传统术语：震山敲虎。
现代术语：提膝震脚。
源流：五虎群羊棍第三式。
技法：挑、挡。

动作过程：（1）右手屈臂持棍把置于右胸前，左手立掌，掌腕部托棍身，棍把置于身体右侧，棍身水平。右脚向左脚前方盖步，震脚下落，右手持棍把向身体右侧戳把；目视右前方。

（2）接上动，左腿提膝，右腿直立，成独立步；同时，右手持棍把架棍于右肩前侧，左掌屈臂立掌平架棍身；目视棍梢。

动作要点：提膝过腰，小腿斜垂内扣，支撑腿挺直；挡棍、提膝动作同步，协调一致。

独立步 003

传统术语：黄风卷天。

现代术语：提膝把劈棍。

源流：少林烧火棍第九式。

技法：劈。

动作过程： 左腿提膝，右腿直立，成独立步；同时，双手持棍，右手持棍把，左手持棍身，棍把在身体右侧由下向后、向上、向前立圆劈击，左手滑把收至右腋下；目视棍把。

动作要点： 提膝过腰，小腿斜垂内扣；提膝和把劈棍同步完成，力达棍把。

独立步 004

传统术语：立马挡敌。

现代术语：提膝拦棍。

源流：少林烧火棍第三式。

技法：架、挡。

动作过程：（1）左脚向右前方上步，身体向右转体180°；同时，双手持棍，棍梢经身体左侧由下向前、向上立圆撩出；目随棍动。

（2）接上动，上体右转，右腿提膝，左腿直立，成独立步；同时，双手持棍向身体右前方架挡，左手持棍身上架于头上方，右手持棍把直臂置于身体前侧，棍梢斜向前；目视棍身。

动作要点：提膝过腰，小腿斜垂内扣；架挡、提膝协调一致；架棍力达棍身。

独立步 005

传统术语：指点江山。

现代术语：提膝藏棍。

源流：查棍一百单八棍第五式。

技法：抡。

动作过程：（1）右脚向右横跨一步，双腿微屈半蹲；同时，右手持棍把由左向右平圆抡扫，在头上云棍一周后至右腋下，棍把置于身体前侧；左掌回收至左腰间，掌心向上。

（2）接上动，重心右移，左腿提膝，右腿直立，成独立步；同时，右手持棍把向身体右侧横击，左掌于头上方架掌；目视棍把。

动作要点：提膝过腰，小腿斜垂内扣，支撑腿稳固；抡棍、云棍平圆，力达棍梢。

独立步 006

传统术语：推波阻澜。

现代术语：提膝藏棍。

源流：查棍一百单八棍第七式。

技法：抡。

动作过程： 右脚向右横跨一步，双腿微屈半蹲；右手持棍把由左向右平圆抡扫，在头上云棍一周后至右腋下，棍把置于身体前侧，左掌回收至右腕上，掌心向下。随即重心右移，左腿提膝，右腿直立，成独立步；同时，右手持棍把由身体右侧向上戳击，直臂上举；左掌立掌向左前方推掌；目视左前方。

动作要点： 提膝过腰，支撑腿稳固，提膝与推掌协调一致；抡棍、云棍平圆，力达棍梢。

独立步 007

传统术语：风扫残叶。

现代术语：提膝背棍。

源流：查棍三十六棍第十八式。

技法：抡。

动作过程：（1）双手持棍把置于左肩上。右脚向右前方上步，左脚向右脚前扣脚上步，身体向右转体360°；同时，右手持棍把随转体由左向右平圆抡扫，在头上方云棍一周。随即右脚向右前方跨步，左腿屈蹲成右仆步；右手持棍背棍于身后。

（2）上动不停，重心移至右腿，右腿支撑，左腿提膝；同时，左臂屈肘于左胸前盘肘；目视左前方。

动作要点：抡棍平圆；提膝过腰，支撑腿稳固，与盘肘协调一致；盘肘力达肘尖。

1.10 丁步

丁步 001

传统术语：顺风摆旗。

现代术语：丁步立棍。

源流：查棍三十六棍第六式。

技法：挡。

动作过程：（1）右手直臂持棍把端，棍梢指向身体右前方，左手直臂置于身体左侧；目视棍梢。

（2）左脚向左前方跨步，随即右脚收至左脚内侧成丁步；同时，右手持棍把端，棍梢向上提拉至头上方时，左手抓握棍身并滑握至棍梢，架挡于身体左侧；目视右前方。

动作要点：撤步成丁步缓慢成型；双手立棍，中正端庄。

2 步法

2.1 插步

插步 001
传统术语：风扫残云。
现代术语：插步拨棍。
源流：少林风魔棍第二式。
技法：拨、舞花。

动作过程： 左脚向右前方扣脚上步，身体向右转体360°，右脚向右横跨一步，随即左腿向右腿后方插步；同时，双手提撩舞花背棍，棍把端向身体右斜下方拨挡，背棍棍身贴于左肩后侧，左掌立掌摆至右胸外侧，身体向右后拧转；目视棍把。

动作要点： 提撩舞花棍立圆；转身插步与拨挡迅捷连贯，拨棍力达棍把。

插步 002

传统术语：扭丝式。

现代术语：插步绞把。

源流：少林烧火棍第二十六式。

技法：绞。

动作过程： 右脚向右横跨一步，左脚向右脚右后侧插步，随即右脚撤步（重复交替两次）；同时，双手持棍，右手持棍把，左手持棍梢，棍把在身体右侧由左向下、向右、向上立圆绞绕；目视棍把。

动作要点： 棍把绞圆由慢至快，步法连贯，步法与绞把协调一致。

插步 003

传统术语：三绞缠丝。

现代术语：插步绞棍。

源流：少林猿猴棍第十三式。

技法：绞。

动作过程： 左腿微屈，右脚向左腿斜后方插步，前脚掌着地；同时，右手持棍把，左手直臂托握棍身，向身体左斜前方由左向下、向右立圆绞绕；目视棍梢。

动作要点： 插步、绞棍同步；绞棍由慢至快，连贯完整。

插步 004
传统术语：回马枪。
现代术语：插步戳棍。
源流：少林疯魔棍第四十五式。
技法：戳。

动作过程： 身体稍向左转，右脚向左脚后方插步；同时，右手持棍把端，棍梢向身体左前下方戳击，左手滑握至右手处；目视棍梢。

动作要点： 插步与戳棍协调一致，力达棍把端。

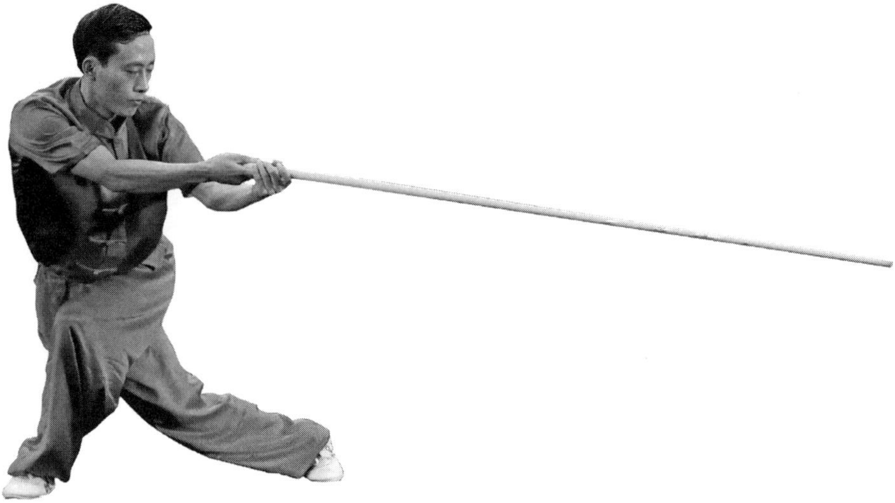

插步 005

传统术语：扭转乾坤。

现代术语：插步抡把劈棍。

源流：查棍三十六棍第二十八式。

技法：劈、舞花。

动作过程：（1）右脚向前上步；同时，双手持棍，在身体左、右两侧舞花；目视前方。

（2）接上动，左脚向前上步，身体右转；同时，右手持棍把，棍梢在身体右侧由下向后、向上立圆拨棍后背棍于右臂后；目视前方。

（3）接上动，身体向右转体180°，随即右脚向右前方上步；同时，右手背棍，棍把经身体左侧由左向上、向右立圆下劈，左手立掌附于右胸外侧；目视棍把。

动作要点：舞花棍立圆；转身抡劈棍快速，力达棍把。

插步 006

传统术语：大圣戏月。

现代术语：插步抡劈棍。

源流：少林风魔棍第九式。

技法：劈、拨、舞花。

动作过程： 左脚向右脚后方插步，身体向左转体180°，双腿屈蹲成马步；同时，双手持棍，棍梢经身体左侧由下向上立圆舞花，随即在身体右侧由下向上、向前方立圆劈击，左手持棍把至左胯旁，右手持棍身直臂按压，棍梢斜向上；目视棍梢。

动作要点： 舞花棍立圆；拨、劈棍清晰流畅，动作协调一致，力达棍梢。

插步 007

传统术语：直捣黄龙。

现代术语：插步下戳棍。

源流：二路达摩棍第二十一式。

技法：戳。

动作过程： 右脚向右横跨一步，随即左脚向右脚后方插步；同时，右手持棍把直线向身体右下方戳顶，左手滑把至棍梢，屈臂持棍梢置于胸前；目视棍把。

动作要点： 插步与下戳棍协调一致；戳棍力达棍把端。

插步 008

传统术语：凤凰点头。

现代术语：插步下点棍。

源流：少林风魔棍第十八式。

技法：点。

动作过程：左脚向右脚后方插步；同时，双手持棍把，棍梢经身体左侧向上、向右、向下立圆摆落，棍梢端点地；目视棍梢。

动作要点：插步与点棍动作协调一致；点棍力达棍梢端。

插步 009

传统术语：叠手一棍。

现代术语：插步劈棍。

源流：六合九洲棍第十三式。

技法：劈。

动作过程：（1）左脚向左横跨一步；同时，双手持棍由身体右侧向上、向前、向左立圆劈击，右手持棍屈臂置于右胯旁，左手直臂握棍身，棍梢斜向上；目视棍梢。

（2）接上动，右脚向左脚后方插步；同时，左右手换把，棍把经身体右侧由上向左下劈打，右手持棍身屈臂置于腹前，左手持棍把直臂按压于身体左侧；目视棍把。

动作要点：换把灵活，劈棍力达棍梢；劈把力达棍把。

插步 010

传统术语：巧女挑簾。

现代术语：插步挑棍。

源流：六合九洲棍第二十四式。

技法：挑。

动作过程： 右脚向右横跨一步，随即左脚向右脚后方插步；同时，双手持棍，棍梢由身体左后侧经下向前弧形上挑，右手持棍把屈臂置于右胯旁，左手直臂托握棍身；目视棍梢。

动作要点： 棍梢由下向上挑棍轻巧清晰，身随棍移；挑棍力达棍梢。

2.2 盖步

盖步 001

传统术语：东波点睛。

现代术语：盖步戳把。

源流：查棍三十六棍第三十一式。

技法：戳。

动作过程： 右脚向左脚前方盖步；同时，双手持棍，棍梢由身体右侧向上、向左、向下弧形摆至胸前，随即双手持棍向身体右侧戳把，棍身与肩同高，右手直臂持棍把至身体右侧，左手持棍身屈臂至胸前；目视棍把。

动作要点： 抬脚、转体、盖步连贯、顺畅、紧凑；棍把直线向右戳击，力达棍把端。

盖步 002
传统术语：鸾回凤翥。
现代术语：盖步点棍。
源流：疯魔棍第二十三式。
技法：点。

动作过程： 左脚向左横跨一步，身体左转，随即右脚向左脚前方盖步；同时，双手持棍，棍梢由身体左侧由右向下、向左、向上拨棍，随即举棍下点；目视棍梢。
动作要点： 盖步与点棍连贯顺畅；点棍力达棍梢。

2.3 击步

击步 001

传统术语：旱地拔葱。

现代术语：击步旋风脚。

源流：查拳体系查棍。

技法：挂。

动作过程：（1）右手背棍，左脚向左前方上步蹬地跳起，右脚在空中与左脚相碰，左右脚依次落步；同时，左掌立掌向前水平推出；目视前方。

（2）接上动，身体左转，右脚向前扣脚上步；同时，右手背棍，棍把由下向上摆动，左掌屈臂收至右胸前；目视前方。

（3）接上动，上体向左上方拧转，右脚蹬地起跳，左腿向左上方摆起；同时，左手随转体向身体左上方抡摆；目视前方。

（4）接上动，右脚直腿向上、向左摆踢，身体在空中继续左转；同时，左手击拍右脚掌；目视左手。

（5）双脚同时落地；目视前方。

动作要点：蹬地、转体过程中身体中正；击拍响亮。

2.4 跳步

跳步 001
传统术语：大圣追妖。
现代术语：跳步背棍。
源流：少林猿猴棍第八式。
技法：拨。

动作过程： 左脚上步蹬地，右脚抬起跳换步，随即左脚向前落步成左弓步；同时，右手持棍把，随身体转动左右立圆做腕花至身体右后背棍，棍身贴于背部；左手立掌向前直线推出；目视左掌方向。

动作要点： 跳步轻灵；左右拨棍立圆连贯流畅。

跳步 002

传统术语：探竿寻日。

现代术语：跳步戳棍。

源流：少林穿梭棍第十五式。

技法：戳。

动作过程： 双脚同时跳起，身体向右转体180°，下落后左腿全蹲成右仆步；同时，双手持棍，随起跳从身体左侧由下向右前上方弧形戳击，左手屈臂持棍把至腹前，右手直臂持棍身至身体右侧，棍梢斜向上；目视棍梢。

动作要点： 跳步轻灵，仆步和戳棍协调一致；戳棍力达棍梢端。

跳步 003

传统术语：猛虎跃溪。

现代术语：跳步劈棍。

源流：飞龙虎棍第十七式。

技法：劈。

动作过程： 双手持棍，右脚蹬地起跳，左脚原地下落，微屈膝，右脚向前落步，脚尖点地成右高虚步；同时，双手持棍，棍梢在身体右侧由下向后、向上、向前立圆劈打，左手持棍把端至左胯旁，右手直臂按压棍身，棍梢斜向上；目视棍梢。

动作要点： 双脚腾空依次落地，动作连贯；劈棍力达棍梢。

跳步 004

传统术语：分风劈流。

现代术语：跳步左右仆步劈棍。

源流：二路达摩棍二十七式。

技法：劈。

动作过程：（1）左脚蹬地起跳，右脚原地下落屈膝全蹲，左脚向身体左侧落步成左仆步；同时，双手持棍，向身体右后方提拉，随即举棍向下摔棍，棍身贴于左腿内侧；目视棍身。

（2）接上动，右脚蹬地起跳，左脚落步屈膝全蹲，右脚向身体右侧落步成右仆步；同时，双手换把，左手持棍把端，右手持棍身，双手举棍，随即由上向下摔棍，棍身贴于右腿内侧；目视棍身。

动作要点：跳步轻灵；左右摔棍快速连贯，力达棍梢。

跳步 005

传统术语：兔子蹬鹰。

现代术语：跳步踢棍。

源流：少林齐眉棍第二十一式。

技法：劈。

动作过程： 左脚蹬地起跳，右脚落步支撑，左脚向正前方蹬踢；同时，双手持棍在身体左侧立圆绕环，随即由上向下劈击；目视棍梢。

动作要点： 跳步轻快；蹬腿、劈棍同步；劈棍力达棍梢。

跳步 006

传统术语：量天尺。

现代术语：跃步劈棍。

源流：六合九洲棍第二十三式。

技法：劈。

动作过程：（1）右腿屈膝，左脚脚尖前点成左高虚步；同时，双手持棍，棍梢由上向下劈打，棍梢斜向上方；目视前方。

（2）接上动，重心前移，左脚蹬地跳起，右脚落步，随即左脚落步成左高弓步；同时，右手滑把至棍梢，左手持棍身，棍把立圆由上向前劈打，棍梢斜向上方；目视前方。

（3）接上动，重心前移至左脚，左脚蹬地跳起，右脚落步挺膝，随即左脚落步成左高弓步；同时，右手滑把至棍把，左手持棍身，棍梢立圆由上向前劈打；目视前方。

动作要点：换手灵活；劈棍与跃步协调一致，连贯完整；劈棍力达棍梢。

3 平衡

3.1 直立式

直立式 001
传统术语：凤凰双展翅。
现代术语：背棍望月平衡。
源流：少林烧火棍十七式。
技法：撩。

动作过程：右脚上步，屈膝半蹲，左脚脚尖点地；同时，双手持棍，在身体右侧棍梢由前向下、向后立圆绕动至右腋下藏棍，棍把向前。随即右腿挺膝支撑，左腿小腿屈收上撩，脚掌向上；同时，躯干侧倾向支撑腿同侧方向拧腰上翻，挺胸塌腰，身体与地面成水平；同时，右手背后背棍，棍把向身体右后斜上方反撩；左手架掌于头部左前方，略高于头；目视右后方。

动作要点：支撑腿稳固，上身挺胸右拧；左小腿上撩与反撩棍同时完成。

3.2 屈蹲式

屈蹲式 001
传统术语：童子拜佛。
现代术语：盘腿平衡架棍。
源流：少林齐眉棍第三十四式。
技法：架。

动作过程： 右手持棍把屈臂置于右肩前，左手贴靠于左腿外侧。右腿屈蹲至大腿水平，左腿屈膝外展落于右腿上；同时，右手持棍，棍梢向身体左侧下落至水平；左手立掌屈臂，双臂环抱于胸前；目视前方。

动作要点： 盘腿水平，支撑腿稳固。

4 跳跃

4.1 直体

直体 001
传统术语：跟斗云飞。
现代术语：侧空翻。
源流：查拳体系查棍。
技法：摆。

动作过程： 右手背棍，棍身贴于肩背部。左脚向前上步蹬地起跳，上体向左下方侧倾；同时，右腿向后上直摆，随后左腿向后上方摆动，双腿在空中依次直摆，身体空中侧翻成倒立状，随后双脚依次落地；目视前方。

动作要点： 空中双腿伸直，依次迅速直摆，腾空高，翻转快。

直体 002

传统术语：猴王登云。

现代术语：腾空飞脚。

源流：查拳体系查棍。

技法：踢。

动作过程： 右手背棍，棍身贴于肩背部。右脚上步蹬地起跳，左脚向前上方摆动，屈膝收于腹前，小腿内收，脚面绷直，随即右腿向前上方直腿摆动，左掌击拍右脚背；目视前方。

动作要点： 空中左膝于腹前收紧；右脚脚尖过肩，击拍响亮。

直体 003
传统术语：金蛇狂舞。
现代术语：腾空背棍提膝冲拳。
源流：五虎群羊棍第二十八式。
技法：抡。

动作过程：（1）双手持棍把置于左肩上。右脚向右前方上步，左脚向右脚前方扣脚上步，身体向右转体360°，随即右脚向右横跨一步；同时，右手持棍把由左向右平圆抡扫一周后背棍；左掌划弧立掌置于右胸处；目随棍动。
（2）接上动，左脚弧形上步蹬地起跳，右腿屈膝上提，脚面绷直；同时，左掌变拳向前直线冲出；目视前方。

动作要点：背棍、腾空、冲拳协调一致；空中身体正直，提膝过腰；冲拳力达拳面。

直体 004
传统术语：虎跳南山。
现代术语：提膝跳背棍。
源流：少林烧火棍二十七式。
技法：挂。

动作过程： 左脚向前上步，随即蹬地起跳，左腿伸直，右腿屈膝上提，脚面绷直，上体右转；同时，右手背棍至身后，棍把斜向身体后下方；左掌由下向上摆至头部左上方，掌指斜向上；目视右后方。

动作要点： 空中身体中正；展体摆臂；提膝过腰。

直体 005

传统术语：孙圣降妖。

现代术语：跳仆步摔棍。

源流：少林猿猴棍第九式。

技法：挑、劈。

动作过程：（1）右手背棍，双脚蹬地腾空向右转体180°，舒胸展腹，双腿屈膝后抬；同时，右手在身体右侧挑棍后左手接棍，双手持棍上举；目视前方。

（2）双脚落步，右腿屈膝全蹲成左仆步；同时，双手持棍，经上向前下劈摔于左腿内侧，右手滑把至棍把端，左手直臂按压棍身；目视棍梢。

动作要点：腾空落地时沉气下压，仆步和摔棍同步完成；摔棍力达棍梢。

直体 006

传统术语：撼天震地。

现代术语：跳仆步摔棍。

源流：少林大夜叉棍第三十二式。

技法：拨、劈。

动作过程：（1）左脚向前上步，随即蹬地起跳，舒胸展腹，双腿屈膝后抬；同时，双手持棍，棍梢在身体右侧由前向下、向后摆至头部上方；目视前方。

（2）双脚落步，右腿屈膝全蹲成左仆步；同时，双手持棍由上向下劈摔于左腿内侧，右手滑把至棍把端，左手直臂按压棍身；目视棍梢。

动作要点：跳步轻灵；摔棍力达棍梢。

4.2 垂转

垂转 001
传统术语：旋风额定。
现代术语：腾空外摆莲。
源流：查拳体系查棍。
技法：摆。

动作过程： 左脚向前方上步，右脚向左脚前方上步（注：双脚上步加速，助跑成弧线），随即右脚蹬地起跳，左腿向左侧肩上方直摆，身体空中右转，右腿向上方直摆，左手随即击拍右脚背后右腿外摆；同时，右手持棍随腾空转体向右后方抡扫，随后双脚落地。

动作要点： 空中外摆腿击拍脚尖过肩，击拍响亮。

垂转 002

传统术语：龙卷旋风。

现代术语：旋风脚。

源流：查拳体系查棍。

技法：踢、挂。

动作过程：（1）右手背棍。左脚向左前方上步，蹬地跳起，右脚在空中与左脚相碰，左右脚依次落步；同时，左掌立掌向前水平推出；目视前方。

（2）接上动，身体左转，右脚向前扣脚上步；同时，右手背棍，棍把由下向上摆动；左掌收至右胸前；目视前方。

（3）接上动，上体向左上方拧转，右腿蹬地起跳，左腿向左上方摆起；同时，左手随转体向身体左上方抡摆；目视前方。

（4）接上动，右脚直腿向上、向左摆踢，身体在空中继续左转；同时，左手击拍右脚掌；目视左手。

（5）双脚同时落地；目视前方。

动作要点：空中身体中正；击响时脚过肩，击拍响亮。

4.3 矢转

矢转 001

传统术语：平阳落虎。

现代术语：旋子扫棍。

源流：查拳体系查棍。

技法：摆、扫。

动作过程：（1）右手持棍把置于右肩上。左脚向左前方上步，随即右脚向左前方上步，身体随之左转；同时，右手持棍，随转体由右向左平云至头上方；目视左前方。

（2）左脚向右腿后方插步，身体左转，重心移至左腿，随即左脚蹬地腾空；同时，左掌摆至左肩前，棍梢向左；目视前方。

（3）空中双腿依次向后上方直腿摆动，上体平俯向左后方拧转；同时，左臂向左打开，右手持棍屈臂转腕，棍在身体下方平圆抡扫一周。

动作要点：旋子塌腰展胸摆腿，空中腿伸直；平扫棍平圆，力达棍梢。

5 腿法

击响

击响 001
传统术语：彩云追月。
现代术语：背棍斜拍脚。
源流：少林烧火棍第二十三式。
技法：拨。

动作过程： 身体直立，左腿支撑，全脚掌着地，右手背棍贴于右肩后侧。随即右腿向前上方直腿踢摆，脚面绷直；同时，左掌收于左腰间后击拍右脚背；目视右脚。
动作要点： 击拍脚过肩，击拍响亮。

6 棍法

6.1 崩棍

崩棍 001
传统术语：宫女挑灯。
现代术语：虚步崩棍。
源流：少林大夜叉棍第十八式。
技法：崩。

动作过程： 右腿屈膝半蹲，左脚脚尖前点成左虚步；同时，双手持棍把端提腕，棍梢端下点，随即右手持棍把端翘腕下沉，左手直臂滑把至棍梢按压，棍梢向上崩起；目视棍梢。
动作要点： 虚步前点轻灵；棍梢崩弹发力，力达棍梢。

崩棍 002

传统术语：大铣扬土。

现代术语：骑龙步崩棍。

源流：疯魔棍第八式。

技法：铲、崩。

动作过程：（1）右手持棍把端置于右胯旁，左手持棍身。左脚蹬地，右脚向右前方小跳上步；同时，双手持棍向身体右侧划弧后摆，摆头回望。随即左脚落步屈膝，重心压至左腿；双手持棍向前推送，棍梢端向前擦地杵铲。

（2）接上动，身体拧腰扣胯，右腿屈蹲，重心右移，左腿屈膝，脚跟提起；同时，双手翘腕上提，随即沉腕下压，左手滑把至棍身，棍梢端向身后方短促上崩；目视棍梢。

动作要点：跳步轻灵敏捷；棍梢弹崩势猛，力达棍梢。

6.2 戳棍

戳棍 001
传统术语：穿梭断杼。
现代术语：戳棍。
源流：少林风火棍第六式。
技法：戳。

动作过程： 右手持棍把端贴于右胯旁，左手持棍身，棍梢指向前方。左脚向前方上步；同时右手持棍把水平直线向前方顶戳，左手滑把至右手处，双手合握棍把，棍身水平；目视前方。

动作要点： 戳棍催肘发力，力达棍梢端。

戳棍 002

传统术语：箭穿雁嘴。

现代术语：弓步转身戳棍。

源流：少林疯魔棍第七式。

技法：戳。

动作过程： 右手持棍把，左手持棍身。左脚向后方撤步，身体向左转体360°，右脚向后落步成左弓步；同时，双手持棍，棍梢从腰间直线向前顶戳，左手滑把至右手处；目视棍梢方向。

动作要点： 转身迅疾，弓步和戳棍协调一致；戳棍水平，力达棍梢端。

戳棍 003
传统术语：张飞点将。
现代术语：震脚戳棍。
源流：查棍三十六棍第九式。
技法：戳。

动作过程：（1）双手持棍，棍梢经头上方平云一周置于身体左侧拨棍。随即身体右转180°，右腿屈膝提起再落步震脚，左脚向左前方上步，两腿屈膝成半马步；同时，双手云棍随转体持棍下落，右手持棍把置于右胯旁。

（2）接上动，右腿挺膝蹬直成左弓步；同时，右手持棍把直线向前戳击，左手滑把至右手处，手臂和棍身水平；目视棍梢。

动作要点：转身迅疾，震脚有力，弓步和戳棍协调一致；戳棍力达棍梢。

戳棍 004

传统术语：玉女穿梭。

现代术语：转身戳棍。

源流：少林疯魔棍第六式。

技法：戳。

动作过程： 右脚向身体右侧横跨一步，双腿屈膝成马步；同时左手持棍把，右手持棍身，由上向下在身体右侧下劈。随即身体向右转体180°；同时，双手持棍向身体右侧斜下方直线戳击；目视棍梢。

动作要点： 劈棍和转身戳棍连贯完整；戳棍力达棍梢端。

戳棍 005
传统术语：乞丐打狗。
现代术语：歇步戳棍。
源流：少林烧火棍第十七式。
技法：戳。

动作过程：（1）右手持棍把端，左手持棍身，棍梢于体前由下向上挑棍划圆。
（2）接上动，左脚向右前方上步，双腿屈蹲成高歇步；同时，双手换握，左手持棍把，右手滑握棍身，向身体前方水平戳击；目视棍梢。

动作要点：双手换握棍灵活巧妙；歇步、戳棍协调一致；戳棍力达棍梢端。

6.3 云棍

云棍 001
传统术语：拨云开天。
现代术语：云拨棍。
源流：少林达摩棍第二十式。
技法：云。

动作过程：右手持棍把，棍梢由上向下于体前下落，左手抓握棍身，双手持棍上举拧转，棍梢在头上方由右向左云棍至身体左侧拨棍，左手直臂持棍身下按，右手持棍把藏于左腋下；目视棍梢。
动作要点：云拨棍平圆，快速有力，力达棍梢。

云棍 002
传统术语：关公带刀。
现代术语：云棍弓步拨棍。
源流：查棍一百单八棍第十式。
技法：云、拨。

动作过程： 双手持棍于左腋下。右脚向后方撤步，身体向右转体360°，左脚随转体提膝落步成右弓步；同时，双手持棍随转体在头前上方平圆云棍一周后背棍至右腋下，棍把指向前方，右臂伸直，左手经体前架掌于头上方，掌心向上；目视棍把。

动作要点： 转身灵活，云拨棍平圆，快速有力。

6.4 劈棍

劈棍 001

传统术语：以退为进。

现代术语：单手抡劈棍。

源流：查棍一百单八棍第二十九式。

技法：劈。

动作过程： 右脚向后撤步，身体向右转体180° 成马步；同时，双手持棍，随转体在身体右侧向下、向后、向前立圆劈打，左手向棍梢滑握；目视棍梢。

动作要点： 撤步迅疾，劈棍与马步协调一致；劈棍力达棍梢。

劈棍 002

传统术语：浪里白条。

现代术语：弓步抡劈棍。

源流：少林达摩棍第十一式。

技法：劈。

动作过程： 右手持棍于右腋下，棍把向前。左脚向前上步，随即右脚上步成右弓步；同时，双手持棍，在身体左侧由下向后、向上立圆向下劈打，右手持棍把至右胯旁，左臂直臂按压棍身，棍梢向前上方；目视棍梢。

动作要点： 舞花棍立圆，弓步与劈棍动作协调一致；劈棍力达棍梢。

劈棍 003

传统术语：雄鸡断尾。

现代术语：跳步半抡劈棍。

源流：查棍一百单八棍第四十三式。

技法：劈。

动作过程： 双脚起跳，身体向右转体180° ，双脚落步屈蹲成马步；同时，右手持棍把端，左手持棍身，上举棍向下劈击，右手置于右胯旁，左手直臂向下按压棍身；目视前方。

动作要点： 转身换跳步轻灵敏捷，马步和劈棍协调一致；劈棍力达棍梢。

劈棍 004

传统术语：皮觚为圆。

现代术语：马步抡劈棍。

源流：少林风火棍第二式。

技法：劈。

动作过程：（1）右脚向右横跨一步，右手扣腕背棍。

（2）接上动，左脚向右前方上步，身体向右转体180°，双腿屈蹲成马步；同时，双手持棍，在身体左侧立圆舞花，随即举棍由上向下劈打，右手持棍把至右胯旁，左手持棍身直臂向下按压，棍梢指向身体左前方，棍梢斜向上；目视棍梢。

动作要点：舞花棍立圆；马步与劈棍协调一致；劈棍力达棍梢。

劈棍 005

传统术语：醉打山门。

现代术语：歇步半抡劈棍。

源流：查棍一百单八棍第四十五式。

技法：劈。

动作过程： 右脚向右横跨一步，身体向右转体180°，双腿全蹲成歇步；同时，右手持棍把端，左手持棍身，双手举棍至头上方向下劈打，右手置于右胯旁，左手持棍身直臂向下按压，棍梢指向身体左前方，棍梢斜向上；目视前方。

动作要点： 转身歇步拧腰压胯，与劈棍协调一致；劈棍力达棍梢。

劈棍 006

传统术语：白蟒翻身。

现代术语：翻身劈棍。

源流：少林风火棍第二十六式。

技法：抡、劈。

动作过程：（1）右腿支撑，左腿屈膝提起；左手持棍把端，右手持棍身，棍梢斜向上置于身体右侧。

（2）左脚向左前方上步踏跳，身体向左转体360°，右脚前落，左脚后撤成右弓步；同时，双手持棍由下向上再向前立圆抡劈，棍梢向前上方；目视棍梢。

动作要点：转身跳步轻灵敏捷；抡劈动作舒展，劈棍力达棍梢。

劈棍 007
传统术语：仆地视锦。
现代术语：仆步劈棍。
源流：少林疯魔棍第二十七式。
技法：劈。

动作过程： 右脚起跳，双脚向前跳步，左腿全蹲成右仆步；同时，双手持棍上举，随即左手松把，右手持棍把由上向下劈棍至右腿内侧；左手变掌经左下向左后上方撩出，高于头，掌指斜向上；目视棍梢。

动作要点： 跳步轻灵；劈棍力达棍梢。

劈棍 008

传统术语：猎人打虎。

现代术语：转身劈棍。

源流：少林风魔棍十四式。

技法：劈。

动作过程：右脚向右前方上步成右弓步；同时，双手持棍上举，由上向下劈击，右手持把端劈至右胯旁，左手持棍身直臂按压，棍梢向前上方；目视棍梢。

动作要点：劈棍迅猛，力达棍梢。

劈棍 009

传统术语：劈山救母。

现代术语：腾空劈棍。

源流：查棍一百单八棍第三十三式。

技法：劈。

动作过程：（1）左脚、右脚依次向前上步，随即双脚起跳，双腿屈膝后抬，空中双手持棍展腹上举。

（2）接上动，身体空中右转，双脚落步，双腿屈蹲；同时，双手持棍由上向下劈摔，棍梢贴地；目视棍梢。

动作要点：跳步轻灵，空中姿态舒展；劈棍力达棍梢。

6.5 抡棍

抡棍 001

传统术语：横扫千军。

现代术语：平抡棍。

源流：少林达摩棍第九式。

技法：抡。

动作过程：双手持棍把置于左肩上。右脚向右前方上步，左脚向右脚前方扣脚上步，身体向右转体360°，随即右脚向右横跨一步；同时，右手持棍把由左向右平圆抡扫一周；目视棍梢。

动作要点：抡棍平圆，与转身协调发力，快速迅猛；抡棍力达棍梢。

抡棍 002

传统术语：旋风回转。

现代术语：左右平抡。

源流：查棍三十六棍第十九式。

技法：抡。

动作过程： 右手背棍。左脚向左前方上步，随即左脚蹬地跳起，向左转体360°，右脚落步后左脚上步成左弓步；同时，双手持棍把，在头部上方平圆抡扫一周后置于左肩上；目视前方。

动作要点： 跳步转身轻灵敏捷，抡棍平圆，快速迅猛；抡棍力达棍梢。

抡棍 003

传统术语：银莽入洞。

现代术语：双抡棍。

源流：查棍三十六棍第二十七式。

技法：抡。

动作过程：双手持棍把置于左肩上。右脚向右前方上步，左脚向右脚前方扣脚上步，身体向右转体360°，随即右脚向右横跨一步，重心移至右脚；同时，右手持棍把由左向右平圆抡扫一周；目视右前方。

动作要点：拧腰带胯，棍抡平圆，协调发力；抡棍力达棍梢。

抡棍 004

传统术语：拦腰棍式。

现代术语：弓步腰间抡棍。

源流：查棍一百单八棍第四十一式。

技法：拦。

动作过程：（1）双手持棍把置于左肩上。左脚向左横跨一步，随即右手持棍把由左向右在头上方平圆抡扫一周，身体随棍后仰。

（2）接上动，右腿蹬直成左弓步；同时，将棍藏于右腋下，棍把端向前；左手抱拳置于左腰间；目视棍把。

动作要点：涮腰带胯，棍抡平圆，舒展大方；抡棍力达棍梢。

6.6 提撩棍

提撩棍 001

传统术语：提柳暗寻。

现代术语：提撩棍。

源流：五虎群羊棍第十五式。

技法：撩。

动作过程：（1）右脚向前方上步，重心前移；双手持棍把，棍梢贴近身体右侧由后向下、向前、向上立圆提撩，上体随之左转，两肘微屈，棍梢高于头；目视前方。

（2）接上动，棍梢在身体左侧由上向后、向下、向前立圆提撩，上体随之右转，两肘微屈，棍梢高于头；目视前方。

动作要点：棍身立圆提撩，贴近身体两侧；提撩棍腕关节松放灵活，力达棍梢。

提撩棍 002

传统术语：黑虎掏心。

现代术语：撩棍蹬腿。

源流：查棍一百单八棍第四十七式。

技法：撩。

动作过程：（1）双手于体前持棍把，棍身在身体右侧由上向后、向下撩至胸前，随即左脚上步。

（2）接上动，棍梢向上立棍于身体左侧，右手持棍把置于右胯旁，左手持棍梢，随即右腿屈膝勾脚尖上提，向前方水平蹬出；目视前方。

动作要点：提撩棍腕关节松放灵活，力达棍梢；蹬腿屈伸明显，力达脚跟。

提撩棍 003

传统术语：翻云覆雨。

现代术语：上步撩棍。

源流：查棍一百单八棍第三十七式。

技法：撩。

动作过程： 左脚向前方上步，右脚随即向前方扣脚上步；同时，右手持棍，在身体右侧由下向前、向上提撩至左肩上，左手抓握棍身。双脚蹬地跳起向右转体180°，双脚落步成马步；同时，棍立圆向前、向下劈击，棍把藏于右腋下，左手直臂托握棍身；目视棍梢。

动作要点： 跳步轻灵，身械协调一致；撩、劈棍拧腰催胯，力达棍梢。

提撩棍 004

传统术语：追云赶日。

现代术语：踢腿撩棍。

源流：查棍一百单八棍第五十一式。

技法：撩。

动作过程： 双手持棍把，棍梢在身体右侧由上向后、向下、向前立圆提撩一周，随即划弧至身体左侧立棍，右手持棍把贴于左胯旁，左手滑握棍身，棍梢向上。随即左脚向前方上步，身体微左转，右脚向体前右侧勾脚尖直腿踢摆；目视右前方。

动作要点： 提撩棍连贯流畅；侧踢腿迅猛；撩棍力达棍梢。

提撩棍 005

传统术语：行云舞袖。

现代术语：行步撩花。

源流：五虎群羊棍第十五式。

技法：撩。

动作过程： 左右脚交替向前上步；同时，双手持棍把，棍身贴近身体两侧由上向后、向下、向前连续左右立圆提撩棍花；目视前方。

动作要点： 连续上步与提撩棍协调一致，快速迅猛；提撩棍贴身立圆，力达棍梢。

提撩棍 006

传统术语：力鼎泰山。

现代术语：弓步撩棍。

源流：查棍一百单八棍第五十六式。

技法：撩、架。

动作过程：（1）双手持棍，右手持棍把，左手持棍身，棍置于身体左侧，棍梢向上；目视前方。

（2）右脚向前方上步成右弓步；同时，双手持棍经身体左侧向后、向下、向前成立圆撩带至身前，右手持棍把屈臂架至头上方，左手持棍身直臂撩推于身体左前方，棍梢斜向下；目视棍身。

动作要点：撩、架棍与弓步同时完成，身械协调一致；撩棍力达棍梢。

提撩棍 007
传统术语：夜走麦城。
现代术语：提压棍。
源流：少林阴手棍第十六式。
技法：压。

动作过程： 双手虎口相对持棍，置于身体左侧，棍把指向斜前方。左脚向前上步，随即身体向右转体180° ；同时，双手持棍，棍梢由下向前、向上提撩，随转体由上向下按压至身体前方，右手屈臂持棍把藏于右腋下，左手直臂按压棍身，棍梢指向身体前方；目视棍梢。

动作要点： 撩棍甩臂上提，把腕灵活，与转身压棍快速协调一致；压棍力达棍梢。

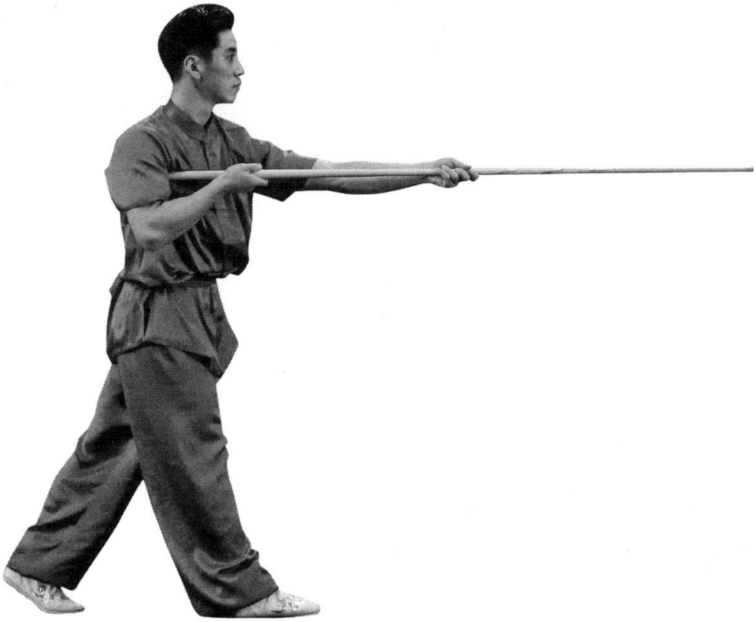

提撩棍 008

传统术语：转身撩阳。

现代术语：上步撩棍。

源流：少林风火棍第二十一式。

技法：撩。

动作过程：（1）双手持棍置于身体右侧，右手持棍把，左手持棍身；目视前方。

（2）右脚向前方上步成马步；同时，双手持棍，棍梢在身体左侧向前、向下、向后、向上立圆抡劈，左手屈臂持棍把置于腹前，右手直臂持棍身至身体右侧，棍梢斜向上；目视棍梢。

（3）接上动，左脚向右前方上步成左弓步；同时，双手持棍，棍梢由上向后、向下、向左斜上方撩击，左手持棍把藏于右胸前，右手直臂持棍身斜向前方；目视棍梢。

动作要点：抡棍与上步转身同时完成；下劈有力，上撩迅速，身械协调一致，撩棍力达棍梢。

6.7 舞花棍

舞花棍 001
传统术语：嫦娥舞袖。
现代术语：舞花棍。
源流：少林风火棍第三式。
技法：挡。

动作过程：（1）右脚向前方上步，重心移至右腿；右手持棍把，左手松握棍身，棍把向下，在身体右侧棍把由下向后、向上、向前立圆绕行，双臂于胸前交叉，上体稍右转；目视前方。

（2）接上动，右臂外旋，左臂内旋，双臂体前屈臂摆动至胸前交叉，棍把继续沿身体右侧立圆绕行。

（3）接上动，身体左转；左臂内旋，右臂外旋稍向前伸，双手交叉持棍同时转动，棍把在身体左侧继续由下向后、向上立圆绕行；目视前方。

动作要点：连续舞花棍流畅迅猛，立圆贴身。

舞花棍 002

传统术语：蛟龙翻云。

现代术语：单手舞花棍。

源流：少林风魔棍第三十五式。

技法：挡。

动作过程：（1）右脚向前方上步，重心移至右腿；右手持棍把，棍梢向上，在身体左侧棍梢由上向前、向下、向后、向上立圆绕行。

（2）接上动，在身体右侧棍梢向下、向后、向上立圆绕行，棍梢向上，棍把向下，右手持棍把催肘挡于体前；目视前方。

动作要点：单手舞花棍连贯快速；挡棍有力，力达棍身。

舞花棍 003

传统术语：翻江倒海。

现代术语：舞花提膝独立。

源流：查棍一百单八棍第十一式。

技法：挡。

动作过程：（1）右脚向前方上步，重心移至右腿；双手持棍立于身前，右手持棍把，左手持棍身，棍把向下，在身体右侧立圆绕行一周，左手松握棍身。

（2）接上动，右臂外旋，左臂内旋，双臂胸前屈臂摆动至胸前交叉，棍把继续在身体左侧由前向下、向后、向上立圆绕行一周，上体稍向右转，棍梢向下。

（3）接上动，左脚向前方上步，以脚掌为轴向右转体360°，随即右腿提膝；左手松开棍身，左臂随转体立圆摆动，右手持棍把提撩棍，随即在身体右侧立圆绕动一周，棍藏于右腋下，棍把端向前；左手头上方架掌，掌心向上；目视前方。

动作要点：舞花棍立圆；提膝过腰，支撑腿稳固；身械协调一致。

舞花棍 004

传统术语：倒栽杨柳。

现代术语：进步背花栽棍。

源流：查棍一百单八棍第十九式。

技法：拨。

动作过程：（1）左脚向前上步；右手持棍单手在身体右侧立圆舞花。

（2）接上动，右脚向前方上步，重心移至右腿；右手单手持棍把在身体左侧立圆舞花，随即左手接握棍把，右手脱把。左脚上步；左手单手持棍把在身体右侧立圆舞花，随即右手接棍把，左手脱把。

动作要点：舞花棍换手巧妙自然，流畅连贯；身械协调一致。

舞花棍 005
传统术语：狂风落地。
现代术语：舞花翻劈。
源流：查棍三十六棍十四式。
技法：拨、劈。

动作过程：（1）双手持棍立于身前，右手持棍把，左手持棍身。右脚上步，重心移至右腿，双手连续在身体左右两侧立圆舞花。

（2）接上动，左脚向前上步，随即蹬地起跳，在空中向右转体360°，随即右脚落步全蹲成左仆步；双手持棍把于身后向上抡起，随转体向前下劈棍，棍身摔于左腿内侧；目视棍梢。

动作要点：舞花棍立圆流畅，翻跃动作舒展大方；摔棍力达棍梢。

舞花棍 006
传统术语：提柳探路。
现代术语：舞花提点。
源流：查棍三十六棍第十七式。
技法：撩、拨、点。

动作过程：（1）右腿微屈，左脚尖向前点地；双手屈臂持棍把，左手在前，右手在后，棍把贴于身体右侧，棍梢向下点击。
（2）接上动，左脚、右脚依次后撤一步；同时，双手合抱棍把，在身体右侧、左侧立圆提撩舞花各一周。
（3）接上动，右脚向前上步，在身体右侧提撩棍花，左脚上步，在身体左侧提撩棍花，连续上四步后，身体向右转体180°，左手滑握棍身。
（4）接上动，棍在身体右侧立圆舞花一周。身体重心移至左腿，右脚向左脚前方跳上步，落地全蹲成左仆步；同时，双手持棍提腕，棍梢向身后点地，随即双手举棍摔棍于左腿内侧；目视棍梢。

动作要点：舞花棍立圆流畅；步法连贯敏捷，步法与棍法协调配合；摔棍力达棍梢。

舞花棍 007

传统术语：凤舞点头。

现代术语：舞花劈棍。

源流：疯魔棍第三十一式。

技法：拨、劈、点。

动作过程：（1）双手持棍，右手持棍把，左手持棍身。右脚向右前方上步；同时，双手持棍在身体右侧立圆舞花一周。

（2）接上动，左脚上步，身体向右转体360°；左手脱把，右手单手持棍立圆提撩。随即右脚上步，左腿提膝；同时，右手持棍把向右前下方劈棍；左掌摆至头上方亮掌，掌心向上；目视棍身。

动作要点：舞花棍连贯成立圆；劈棍力达棍梢。

舞花棍 008

传统术语：压山探海。

现代术语：舞花上步戳棍。

源流：少林达摩棍第二十二式。

技法：撩、戳。

动作过程：（1）左脚向后撤步，身体向左转体180°，双腿屈蹲交叉；同时，双手持棍，在身体右侧、左侧立圆提撩棍花各一周，随即双臂交叉持棍，棍梢指向右前方；目视棍梢。

（2）接上动，右脚向前上步成右弓步；同时，双手持棍，棍梢端向身体前上方戳顶；目视棍梢。

动作要点：提撩棍成立圆，身械协调一致；戳棍力达棍梢端。

舞花棍 009
传统术语：口吐莲花。
现代术语：左平舞花棍。
源流：少林风火棍第三式。
技法：云、拨。

动作过程： 双手持棍置于身体右侧。左脚向左前方上步，双手持棍把在身体右侧由右向左平圆抡扫。随即右脚向左脚前方跨跳一步，身体向左转体360°，左脚落步成左弓步；同时，双手持棍，随转体在头上平圆云扫一周，棍梢扫至身体左侧，左手直臂持棍身，右手持棍把藏于左腋下；目视棍梢。

动作要点： 转身跳步轻灵敏捷，舞花云棍平圆舒展，步型转换协调一致；拨棍力达棍梢。

舞花棍 010

传统术语：莲花舞。

现代术语：右平舞花棍。

源流：少林风火棍第五式。

技法：云、拨。

动作过程： 双手持棍置于身体左侧。右脚向右前方上步，双手持棍把在身体左侧由左向右平圆抡扫。随即左脚向右脚前方跨跳一步，身体向右转体360°，右脚落步成右弓步；同时，双手持棍，随转体在头上平圆云扫一周，棍把扫至身体右侧，右手直臂持棍把，棍身藏于右腋下；左掌立掌置于右胸处；目视棍把。

动作要点： 转身跳步轻灵敏捷，舞花云棍平圆舒展，步型转换协调一致；拨棍力达棍把。

6.8 抱棍

抱棍 001
传统术语：鲁班杠梁。
现代术语：抱棍。
源流：少林风火棍第十一式。
技法：抡。

动作过程：双手持棍把置于右肩上。左脚向左前方上步成左弓步；同时，身体左转，双手抱棍，由右向左平圆抡扫至左肩上，右手持棍把，左手持棍身，棍把至身体左侧；目视前方。

动作要点：弓步拧腰带胯，连贯完整；抡扫水平舒展，力达棍梢。

抱棍 002

传统术语：老龙卧道。

现代术语：坐盘抱棍。

源流：少林大夜叉棍第十七式。

技法：抡。

动作过程： 双手持棍把置于右肩上。左脚向后撤步，身体向左拧转360°，双腿交叉屈膝盘坐成坐盘；同时，双手持棍把向左后平圆抡扫一周，身体拧转至左前方时，左手滑握至棍身，右手持棍把置于右胸前，棍梢斜向身体左下方；目视棍梢。

动作要点： 转身抡棍迅猛，坐盘连贯稳固；抡扫水平舒展，力达棍梢。

抱棍 003

传统术语：文王拉纤。

现代术语：弓步抱棍。

源流：少林阴手棍第十四式。

技法：盖。

动作过程：左脚向左前方上步；双手持棍，右手持棍把经头上方向身体左侧压、盖。随即身体右转成左弓步；左臂屈臂持棍身于左肩前；右臂微屈持棍把向外发力拨挡于右胯前，棍把斜向下；目视右前方。

动作要点：上体躯干带动棍把盖、压，发力拨挡和弓步同步完成；拨挡力达棍把。

抱棍 004

传统术语：怀中抱月。

现代术语：虚步抱棍。

源流：六合棍二合第三式。

技法：挑。

动作过程： 右腿微屈，左脚脚尖前点成左高虚步；同时，左手翻腕，棍梢由左向下、向右、向上立圆绞绕上挑，右手持棍把置于右胯旁，左手托持棍身，棍梢斜向上；目视棍梢。

动作要点： 上步成高虚步轻灵；绞棍、上挑协调一致；挑棍力达棍梢。

6.9 背棍

背棍 001
传统术语：藏龙卧虎。
现代术语：弓步背棍。
源流：少林烧火棍第四十三式。
技法：拨。

动作过程：左脚向左前方上步成左弓步；同时，右手持棍把，在身体右侧棍梢由上向前、向下至右臂后侧背棍，棍身贴于背部，左手顺势向前立腕挑掌成立掌；目视挑掌方向。
动作要点：背棍与弓步同时完成，以腰带棍，快速准确。

背棍 002

传统术语：黑熊探背。

现代术语：虚步背棍。

源流：五虎群羊棍第二十四式。

技法：抡。

动作过程：（1）双手持棍把置于左肩上，右脚向右前方上步，左脚向右脚前扣脚上步，身体向右转体360°，随即向右横跨一步；同时，右手持棍把由左向右平圆抡扫一周后背棍，左手随转体摆向右肩内侧。

（2）接上动，左脚收靠至右脚成并步，随即向左前方点地成左虚步；同时，左掌向左前方立掌推出；目视推掌方向。

动作要点：抡棍平圆；背棍与虚步推掌同时完成，身械协调一致。

背棍 003

传统术语：八戒扛耙。

现代术语：背棍提膝上截。

源流：少林烧火棍第三十七式。

技法：截。

动作过程：（1）右脚向右横跨一步；同时，双手持棍把，棍梢在身体左侧由左向下、向右上撩至右肩上。

（2）接上动，左腿提膝，身体左转微倾斜；同时，双手持棍把，棍梢由右肩向身体左斜上方拨出，棍梢斜向上，棍把藏于左腋下；目视棍梢。

动作要点：抡、截连贯；提膝过腰，支撑稳固；截棍力达棍梢。

6.10 穿棍

穿棍 001
传统术语：穿壁引棒。
现代术语：穿棍。
源流：五虎群羊棍第二十式。
技法：穿。

动作过程：左脚向左横跨一步；双手掌心向上直臂水平持棍，左手持棍梢直线向右经右手推送顶击，右手瞬间紧握棍梢端，随即左臂向身体左侧打开；目视棍把。
动作要点：左手推棍发力，右手虚握紧抓，棍身穿梭水平流畅。

6.11 戳把

戳把 001

传统术语：瞻前顾后。

现代术语：扣腿戳把。

源流：少林烧火棍第二十一式。

技法：戳。

动作过程： 右腿屈膝半蹲，左腿屈膝外展，踝关节紧扣于右腿膝后腘窝处；同时，双手持棍，横于身前，右手持棍把直线向身体右侧顶击；目视戳把方向。

动作要点： 屈膝扣腿与戳把同时完成；戳把力达把端。

6.12 拨棍

拨棍 001

传统术语：云里拨灯。

现代术语：拨棍。

源流：少林达摩棍第四十七式。

技法：拨。

动作过程： 右手持棍把，左手持棍身，举至右肩上方，在头上方由身体右侧至体前云、拨棍，棍梢端由右肩后向身体左侧平圆划弧，右手持棍把至左胸处；目视棍梢方向。

动作要点： 左手持棍做云、拨流畅完整；腰带胯催，发力横拨，力达棍梢。

拨棍 002

传统术语：醉汉提柳。

现代术语：上拨棍。

源流：少林达摩棍第二十三式。

技法：拨。

动作过程：右脚向前上步；同时，双手持棍把，棍梢由后贴近身体右侧向前上方提撩，两肘微屈，棍梢高于头。随即左脚上步，右腿提膝；同时，双手持棍，棍梢由前向后贴近身体左侧向前上方提撩，再向斜上方拨棍；目视棍梢。

动作要点：提撩棍立圆贴身，上步迅捷，提膝过腰；拨棍力达棍梢。

拨棍 003

传统术语：退避三舍。

现代术语：退步拨棍。

源流：少林风火棍第二十式。

技法：压、拨。

动作过程： 双手持棍，右手持棍把，左手持棍身。右脚向后方撤步；同时，双手持棍经左向上、向下压棍，棍梢端点地。随即左脚向后方撤步；双手持棍由右向上、向左下拨棍，棍梢端点地。右脚再向后方撤步；同时，双手持棍经左向上、向下压棍，棍梢端点地；目视棍梢。

动作要点： 后撤步迅速，棍梢前端向左、右下方拨打快速连贯；拨棍力达棍梢端。

6.13 点棍

点棍 001

传统术语：瞎子探路。

现代术语：点棍。

源流：少林风魔棍第十六式。

技法：点。

动作过程： 双腿屈膝成马步；双手胸前持棍把，棍梢向体前左、右两侧扇面立圆连续点击，棍梢端触地；目视棍梢。

动作要点： 提腰带胯，点棍连贯迅捷流畅，力达棍梢端。

点棍 002

传统术语：金蟾点豆。

现代术语：跳点棍仆步摔棍。

源流：少林风火棍第七式。

技法：点。

动作过程：（1）身体重心左移，左脚蹬地，右脚向左前方跳步；同时，双手持棍，棍梢由上向右下点落，棍梢端触地。

（2）接上动，左脚向左前方上步，右腿屈膝全蹲成左仆步；同时，双手持棍，由上向下摔棍至左腿内侧；目视棍梢。

动作要点：跳步轻灵；点、摔棍迅速连贯完成；点棍力达棍梢端，摔棍力达棍梢。

点棍 003
传统术语：金针入地。
现代术语：换步点棍。
源流：查棍三十六棍第十六式。
技法：点。

动作过程：（1）左脚蹬地，右腿抬起，身体向右转体180°；同时，双手持棍，双腕交叉，棍在身体右侧立圆舞花一周，棍梢向上。
（2）接上动，右脚落步，屈膝下沉，左脚再向前落步，脚尖点地成左高虚步；双手持棍，由上向下点棍，右手持棍把藏于右腋下；目视棍梢。

动作要点：跳步转身迅捷；高虚步与下点棍协调一致。

点棍 004

传统术语：凤凰点头。

现代术语：上步回身点棍。

源流：少林风魔棍第三十三式。

技法：点。

动作过程： 右脚向右前方上步，身体右转；双手持棍把，双腕胸前交叉，棍身立圆舞花一周，向身体左侧下方点棍，棍梢端点地；目视棍梢。

动作要点： 舞花棍贴身立圆；腰、胯翻拧发力下点，力达棍梢端。

点棍 005

传统术语：挽弓射箭。

现代术语：仰身点棍。

源流：查棍三十六棍第二十六式。

技法：点。

动作过程： 右脚、左脚依次向前方上步；双手持棍在身体右侧、左侧连贯贴身提撩棍，随即棍梢由头上方向身体后侧贴近左腿外侧点击，上体随之稍向左转后仰，双肘微屈，棍梢端点地；目视棍梢。

动作要点： 棍立圆提撩；身后仰点棍舒展，动作协调一致。

6.14 盖把

盖把 001

传统术语：仙童摆尾。

现代术语：盖把。

源流：疯魔棍第三十七式。

技法：盖。

动作过程： 左脚、右脚依次向后撤步；双手持棍，双手滑把至棍梢端，棍把由上至下在身体左、右两侧分别立圆盖打，棍把砸击地面；目视棍把。

动作要点： 撤步砸盖迅速流畅，双手滑握棍身部位灵活准确；盖把力达棍把端。

盖把 002

传统术语：猛虎下山。

现代术语：转身盖把。

源流：查棍一百单八棍第四十六式。

技法：盖。

动作过程：（1）双手持棍，左脚向后撤步；同时，左手滑把至棍身，右手持棍把向右上方提带。

（2）接上动，身体向左拧腰翻转180°，右手滑把，由上向身后左前下方立圆盖把砸击；目视棍把。

动作要点：翻腰与提、盖棍迅猛流畅；棍把立圆盖砸，盖把力达棍把端。

盖把 003

传统术语：出世跨虎。

现代术语：盖把。

源流：查棍三十六棍第一式。

技法：盖。

动作过程： 左脚上步，脚尖前点成左高虚步；同时，右手持棍把，左手持棍梢，经身体右侧由后向上、向体前立圆劈把，右手滑把屈臂落于体前，左手持棍置于左腰侧；目视棍把。

动作要点： 左高虚步前点上步迅捷；棍把劈、盖立圆，力达棍把端。

盖把 004

传统术语：大圣镇妖。

现代术语：挂把盖地。

源流：查棍三十六棍第十一式。

技法：盖。

动作过程： 双手持棍，身体右转，棍梢斜向上。左脚原地蹬地起跳，右脚跳步，左脚前落成左弓步；同时，右手滑把至棍身，双手持棍身由右后向前下立圆劈击，棍把触及地面；目视棍把。

动作要点： 跳换步敏捷；抡、盖棍立圆，盖把与弓步同步完成；盖把力达棍把端。

盖把 005

传统术语：雨打芭蕉。

现代术语：转身双盖把。

源流：查棍一百单八棍第五十三式。

技法：盖。

动作过程：（1）双手持棍。右脚、左脚依次向后方撤步；同时，随身体左右转动，棍把由上向前、向下盖打，于身体前方点地。

（2）接上动，身体直立，左脚内收半步，脚尖外展；同时，右手持棍把向右上方提拉，左手滑把至棍梢。

（3）接上动，身体向左后方翻转；双手持棍由下向前上撩出。

（4）接上动，身体左转，右脚向右移步；同时，双手持棍由上向前下方劈把触地；目视前方。

动作要点：棍身立圆摆动，贴近腿外侧，身械协调一致；盖把力达棍把端。

6.15 横把

横把 001

传统术语：横断千金。

现代术语：横把。

源流：少林风魔棍第十式。

技法：挡、击。

动作过程： 左脚向左横跨一步；右手持棍把，左手持棍身，棍把由右向前水平横向击打；目视棍把。

动作要点： 跨步与棍把横击，身械协调一致；力达棍把端。

横把 002

传统术语：小鬼拨扇。

现代术语：横把。

源流：少林阴手棍第二十一式。

技法：挡、击。

动作过程： 双手反握棍身。左脚向左前方上步，身体左转90° 成左弓步；同时，双手持棍由腰间向左前方发力横击，左手持棍置于左腰间；目视棍把。

动作要点： 棍把横击拧腰发力，力达棍把。

6.16 绞把

绞把 001
传统术语：渔夫解锁。
现代术语：绞棍压把。
源流：查棍三十六棍第三十二式。
技法：绞。

动作过程： 身体微右转，双手持棍，棍梢指向左前方。左脚、右脚依次后撤四步；同时，双手持棍于身前右侧立圆绞绕棍把，随即棍向上、向前下方盖砸；目视棍把。
动作要点： 撤步迅速，与立圆绞棍、盖把动作协调一致。

6.17 扫棍

扫棍 001
传统术语：风扫落叶。
现代术语：扫棍。
源流：少林猿猴棍第十二式。
技法：扫。

动作过程： 双手持棍把置于左肩上。右脚向右前方上步屈膝半蹲，左脚掌支撑；同时，身体右转，右手持棍把向右平圆抡扫；左臂向右侧平摆，随后置于右胸侧；目视右前方。

动作要点： 上步抡扫，腰胯带棍发力，动作快速完整；扫棍力达棍梢。

扫棍 002

传统术语：哪吒登云。

现代术语：涮腰扫棍。

源流：查棍一百单八棍第六十四式。

技法：扫。

动作过程：（1）双手持棍把置于左肩上。右脚向右横跨一步；同时，双手持棍抱于胸前。

（2）接上动，左手松开，右手持棍由左向右平圆抡扫一周，身体随棍平涮仰身，棍身置于右腋下，左拳贴于左腰间；同时，双腿成左弓步。

动作要点：仰身云扫棍快速有力，路线平圆，一气呵成。

扫棍 003

传统术语：斩草除根。

现代术语：弓步扫棍。

源流：查棍一百单八棍第二十式。

技法：扫。

动作过程：（1）身体稍右转，右脚向后方撤步；同时，左手持棍梢，右手滑握至左手前，棍把由后向前下扫棍，棍把触地。

（2）接上动，双手持棍梢，继续平圆抡扫一周，棍把由后向前抡扫，棍把触地。随即右腿蹬直成左弓步；双手持棍置于左肩上；目视前方。

动作要点：双手反握持棍；抡、扫腰胯发力，快速连贯；棍把扫、打地面，力达棍把端。

扫棍 004
传统术语：缺月再圆。
现代术语：划地扫棍。
源流：查棍三十六棍第二十一式。
技法：扫。

动作过程： 双手持棍把置于左肩上。右脚向右前方上步，随即蹬地起跳向右转体360° ；同时，双手持棍由左向右平圆抡扫一周，左脚、右脚依次落步成右弓步，双手持棍置于右肩上；目视左前方。

动作要点： 转身跳步轻灵敏捷，连续扫棍快速；扫棍力达棍梢。

扫棍 005

传统术语：乌龙搅腾。

现代术语：弓步平扫棍。

源流：少林烧火棍第十式。

技法：扫。

动作过程： 右手持棍置于右胸前。右脚向右前方上步成右高弓步；同时，双手持棍在身体两侧立圆舞花，随即双手持棍向左平扫拨出，左手持棍身，右手持棍把置于腰间；目视棍梢。

动作要点： 舞花棍立圆贴身；棍立圆转换横扫协调连贯，力达棍梢。

扫棍 006
传统术语：扫地出门。
现代术语：弓步下横扫。
源流：少林烧火棍第二十九式。
技法：扫。

动作过程： 左手持棍把端，右手持棍身。右脚向前方上步，随即右腿蹬直成左弓步；同时，右手持棍由上向前下弧线扫打，棍梢扫打至左上方立棍；目视右前方。

动作要点： 拧腰转胯与扫棍快速有力，动作协调一致；扫棍力达棍梢。

扫棍 007

传统术语：鱼跳龙门。

现代术语：左右仆步扫棍。

源流：少林烧火棍第十三式。

技法：扫。

动作过程： 左手持棍把，右手持棍身。右脚蹬地跳起，左脚落步全蹲成右仆步；同时，双手持棍由身体左侧向右平云一周，棍梢端在身体前方横扫触地；目视棍梢。

动作要点： 跳步轻灵；仆步与抡、扫棍协调一致。

6.18 摔棍

摔棍 001

传统术语：银莽入地。

现代术语：弓步摔棍。

源流：查棍一百单八棍第二十五式。

技法：劈。

动作过程： 双手持棍于身体左侧上举。右脚向右前方上步成右弓步；同时，右手持棍由上至下摔棍于右腿外侧；目视棍梢。

动作要点： 摔棍与弓步完整一致；劈、摔棍力达棍梢。

摔棍 002

传统术语：鞭打奔牛。

现代术语：左右摔棍。

源流：查棍一百单八棍第六十七式。

技法：劈。

动作过程：（1）双手持棍上举。左脚向前方上步，右腿全蹲成左仆步；同时，棍由上向下摔至左腿内侧；目视棍梢。

（2）重心右移，身体右转，左腿屈膝蝶地，右腿屈蹲；同时，右手持棍提拉至头上方，由上向下摔棍至右腿外侧；左臂直臂上举至头上方抖腕亮掌，掌心向上；目视棍梢。

动作要点：连续摔棍快速连贯，力达棍梢。

6.19 挑把

挑把 001
传统术语：卧枕式。
现代术语：挑把。
源流：少林齐眉棍第三十六式。
技法：挑。

动作过程： 双手持棍提于身体右侧，棍梢向斜前方。右脚向前上步成右弓步；同时，右手持棍把端，左手持棍身，棍把向前立圆挑出；目视棍把。
动作要点： 弓步、挑把协调一致；挑把力达棍把。

6.20 挑棍

挑棍 001
传统术语：老虎撅尾。
现代术语：挑棍。
源流：疯魔棍第十一式。
技法：挑。

动作过程： 右脚向右前方上步，随即左脚跟步，脚尖点地，双腿半蹲；同时，身体左转，双手持棍置于身体左侧，右手持棍把端下按，左手反握棍身，棍梢由下向上瞬间崩挑；目视棍梢。

动作要点： 横跨步轻灵；挑棍力点准确，力达棍梢。

挑棍 002
传统术语：鹿伏鹤行。
现代术语：提膝挑棍。
源流：少林烧火棍第七式。
技法：挑。

动作过程： 双手水平持棍。左腿提膝；同时，左手托棍由左腿外侧向体前上方挑起；右手持棍把置于右腰侧；目视左前方。

动作要点： 提膝过腰；挑棍贴身立圆，快速上挑，力达棍梢。